JN188588

企業価値を「創造」する経理財務

バックオフィスから
フロントオフィスへの変革

JBAグループ グループCEO
公認会計士
脇 一郎 著

CORPORATE VALUE

中央経済社

はじめに

「バックオフィス」。経理財務部門を含めて，人事や総務など，事務部門の総称をこう呼ぶことがある。これは，いわゆる前線でビジネスに奮闘している「フロントオフィス」に対するもので，バックオフィスはフロントオフィスを支える役割とされてきた。しかしながら，そのバックオフィスの1つである経理財務部門は，会計，財務，税務などに関する処理や基準が複雑かつ難解化しており，専門性の高い業務となっているにもかかわらず，特に日本企業においては，事務請負部門であるとの認識にとどまっているといわざるを得ない。それは，ビジネスの前線であるフロントオフィスが会社の主役であり利益を生み出す部門，バックオフィスはそれを支える脇役でコストセンターという構図である。

確かに，経理財務部門は事務業務が主体であり，直接的に売上や利益を創造することはなく，事務的にそれを支える部門であることは事実であろう。しかし，企業活動サイクルの根本を考えてみれば，ビジネスはそれを推進するお金を調達するファイナンス（財務）から始まる。ファイナンスをするためには財務諸表が必要であり，財務諸表を作成するには記帳（経理）業務が必要である。つまり，車のタイヤでいえば左右であり，前後ということではない。

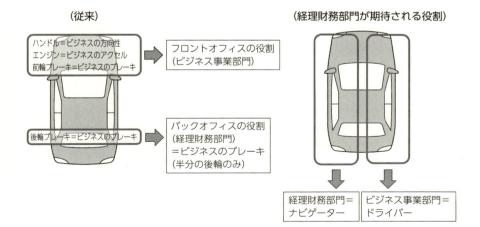

筆者は，DX化やサステナビリティなど，企業価値を向上させることが重要となっている今こそ，経理財務部門はフロントオフィスの一端を担うべきではないかと真剣に思っている。巷では，CFOや経理財務部門は，企業内における事業部門のビジネスパートナーとなるべき，といわれている。恐らく，事業部門の方々もそうなってほしいと思っているであろう。ただ，具体的にどのような業務を行えば企業価値に貢献できるのか，これがわからなければ，何をしても単なる自己満足となってしまう。本書では，このような視点から，価値を創造できる経理財務部門がどのようなことを行い，どのような価値を提供できるのか，考察している。

第1章「経理・財務部門は本当に必要なのか」では，現在の経理財務部門を取り巻く環境が厳しいことを示している。DX化や生成AIなどにより「将来なくなるかもしれない職業」となっていること，それに伴い経理財務人材数が減少し続けており人材確保そのものが難しくなってきていること，そしてこのような状況であることから，経理財務部門が変革しなければ，企業における存在意義そのものが問われる状況になる，ということについて記述している。

第2章「既存業務の効率化」では，まず経理財務部門が変革していくためには，事務請負部門という役割から脱却するために既存の業務を効率化していくことが重要であり，その代表的な施策としてDX化，生成AIの活用，会計監査人との協働を挙げている。特に，会計監査人を上手に使うことで，会計処理の適切性確保だけではなく，全社的なリスク管理やガバナンスなど，企業価値をその毀損から守る役割も果たすことができる。

第3章「企業価値を創造する経理財務部門の機能」では，現在は経理財務部門の業務ではないとされている，サステナビリティ，ガバナンス，さらにはデータマネジメントなど，企業にとって価値のある役割を提案している。それらの役割は，現在は別の部門が担っているかもしれないが，経理財務部門が担ったほうが（もしくは役割を分担したほうが）企業にとってさらなる価値を生み出すことができ，経理財務部門にとっても，その持っている役割の延長線上であることから，将来の経理財務部門の役割として認識した上で，それらの業務内容について言及している。

第4章「次世代の経理財務部門の組織と人材」では，上述した経理財務部門を担うための組織と人材について記述している。ここでは，現代社会の特徴点である多様性やハラスメント関係などに配慮した組織やリーダーシップのあり方，ジョブ型業務，DX化や生成AIを使うためのスキルや資質，金銭数値ではない非財務価値を扱うための心構えなどについて言及している。

　近年の会計は，将来キャッシュフローという，ビジネス予測視点が必須だが，その将来キャッシュフローが合理的であるかについて，経理財務部門が判断しないわけにはいかない。「ビジネス事業部門が出してきた数値だから，これをすべて信用します」といった考え方をとると，まさに経理財務部門は事務請負部門とみなされてしまう。だからといって，むやみやたらに文句をつけるのも違う。経理財務部門は，自社のビジネスをよく理解し，何が価値を生んでいるのか，その価値創造サイクルがどのようになっているのか，これを理解することが重要である。

　これもよくいわれることであるが，経理財務業務は会計基準や税法などの高度専門知識を使う業務ではあるが，生成AIなどで代替可能であるかもしれない。特に事務処理だけで，会社のビジネスを理解しなくてもよい作業であれば，極端な話，自社の社員が行わなくてもよく，アウトソーシングでよいという考え方もある。筆者は，会計，税務，法務，人材会社などの総合コンサルティング会社を経営しているが，近年そのような記帳や給与計算などの事務作業をアウトソーシングする会社は多くなってきている。経理人材が流動化して雇用維持が難しくなっていることと，むしろ経理財務業務の専門業者に任せたほうが，コストは高いが安定的な業務となるからである。

　いま，経理財務部門はこのような環境にあるということを，まず認識したい。場合によっては，将来，経理財務部門は不要なのではないかと考えている経営層もあるかもしれない。これは，専門職である公認会計士も同じである。監査や会計業務のデジタル化，生成AI化が進み，その中でヒトが同じ作業を継続していたら，将来は価値を失うであろう。

　それでは，今後どのような業務によって，経理財務部門は価値を提供できるのであろうか。本書では，ここに焦点を当てて執筆している。経理財務部門は，

いうまでもなく専門性の高い業務をしていることに一定の価値があることは間違いないが，その専門性の高さではなく，業務の本質からその価値を探ってみたい。例えば，経理財務部門は常にデータを取り扱っており，そのデータに対する正確性や妥当性について確認を行い，「信頼」という価値をデータに付与している。扱っているデータはたまたま財務数値であるが，これが非財務数値でも同じ価値を提供できるであろう。現在，非財務数値を中心としたサステナビリティ開示が進もうとしているが，財務数値と同様，正確性や妥当性について担保する必要はある。まさに，経理財務部門が得意としている役割であり，経理財務部門が今後組織として貢献できる分野であろう。今がチャンスなのである。

　一方，経理財務部門は，いわゆる主計といわれる財務会計業務もあり，法定財務報告（有価証券報告書，会社法計算書類など）や税務申告など，法律や制度で定めうれている業務も行わなければならない。ただ，この財務会計業務は成熟した業務分野であり，今後ますますDX化，AIが進むことが想定される。これらの業務は企業が存続する限りはゼロにはならないが，実務そのものは，DX化やAIで大きく効率化できる余地があり，効率化をしていけば，物理的にヒトが関与する工数も減少することが想定される。

　いま経理財務部門が変革できなければ，DX化やAIで相当部分の代替が可能となり，また世間として標準的な業務であれば，自社で労務コスト（給与だけではなく，退職時の採用コストも含む）や労務リスク（メンタルヘルスやハラスメントなどを含む）をかけて社員を雇用する必要はなく，外部の専門家（アウトソーシングなど）を利用すればよいのではないか，と合理的な経営者は考えるであろう。そうなった場合，極端な話ではあるが，経理財務部門自体の存在意義にも疑義が唱えられるかもしれない。それを避けるためにも，経理財務部門は法定業務だけではなく，組織に貢献できる業務を増やしていかなければならない。この点は，今始まった話ではないので，頭ではわかっていても，具体的にどのような業務をどのように進めればよいのか，と何もできずに停滞している経理財務部門の方も多くいるであろう。

筆者は，1992年に公認会計士試験に合格し大手監査法人で3年ほど会計監査を業務として行った後，外資系企業に転職して経理財務部門の責任者を2社ほど務め，FP&A（Financial Planning & Analysis）という，ビジネス事業部門における管理会計を中心とした業務を担当したことがある。経理財務部門がビジネス事業部門と両輪で仕事を進め，売上や利益を最大化するために協働するのだが，その時まさに，企業価値に貢献していると実感した。今は時代が変わり，以前ほど簡単にはいかないだろうが，経理財務部門がどのような業務をすれば企業価値に貢献できるのか，その結果，経理財務部門の地位向上と当部門を所管している，もしくは所属されている方々がますます組織の中で高い評価をされて，結果として高い報酬となる一助になれば幸いである。

　なお，本書においては，わかりやすい説明とするため，できるだけ具体的な記述としている。ただし，その見解などについては絶対的なものはなく，あくまで筆者の個人的な見解であること，また特定の組織の見解でもないことを改めて明示する。また，本書を発刊するにあたり，中央経済社の坂部秀治氏には大変お世話になったことを，ここで感謝し上げたい。

2024年12月

脇　一郎

CONTENTS

はじめに　1

第 1 章　経理財務部門は本当に必要なのか

1 経理財務人材数の動向　2

2 IT化推進とその効果　4

3 経理財務業務への投資はROIではなくインフラ的視点で
　検討する　6

4 経理財務部門の生き残る道は企業価値の創造　6

(1) 「経営の参謀役」への役割期待　7

(2) 非財務価値の創出に経理財務部門が参画する　8

(3) 経理財務部門の社内的立場向上の鍵は
　　「直接金融の資金調達力」　10

(4) 持株会社では「企業価値評価」が主要業務　11

第 2 章　既存業務の効率化

第1節　DX化 ——————————————————— 14

1 DX化はサステナビリティ投資　14

(1) ROI視点で考えるべきではない　15

① 業務効率化　16

② 環境への配慮　16

③ 人的資本　16

④ ガバナンス　18

(2) 業務プロセスの自動処理化に伴う期待効果　19

① 経費精算プロセス　19

② 販売プロセス　24

③ 銀行取引プロセス　26

② 電子帳簿保存法で推進させるDX化　27

(1) 電子データ保存の義務化　27

(2) 電子帳簿保存法対応の効果　28

(3) DX化におけるガバナンスの参考になる
法改正前の「適正事務処理要件」　29

① 相互牽制　29

② 定期的なチェック　32

③ 再発防止策　33

(4) 電子帳簿保存法と会計監査　34

③ 変革への挑戦（チェンジマネジメント）　36

(1) 日本はDX化が遅れているわけではない　36

(2) DX化は「できる人」の定義を変える　37

(3) チェンジマネジメントスキルを身につけよう　38

第2節　AIの利活用 ——————————————————— 39

① 生成AIを使う前に　40

(1) 入力に際して留意すべき事項　40

(2) 生成物の利用に際して留意すべき事項　41

① 過度な生成AI依存　41

② 生成物の内容に虚偽が含まれている可能性　41

③ 生成物の権利侵害のリスク　42

④ 生成AIの利用規約　42

② （生成）AIの活用例　42

(1) 将来キャッシュフロー（事業計画や予算を含む）の策定　43

(2) 財務・非財務統合の企業価値シミュレーション　43

① AIによる適切な結果を得るための十分な準備　43

② AIで企業価値の算定をするには　44

(3) 会計監査におけるAIの利用　47

第3節　Web3.0 ──────────────── 49

1　Web3.0の現状　49

2　NFTなどの無形資産価値に敏感になる　50

(1)　特徴①：デジタル資産に唯一性を確保できる　51

(2)　特徴②：取引の真正性を確保できる　51

(3)　特徴③：デジタル作品の価値を担保できる　52

3　NFTの活用　52

第4節　会計監査人への対応力強化 ──────────── 53

1　監査の厳格化と監査人の指導的機能の制限　54

(1)　監査厳格化までの流れ　54

①　古きよき時代　54

②　内部統制報告制度（J-SOX）が監査人独立性強化の
転機となった　54

③　会計監査の厳格化と上場企業数の増加による
コミュニケーション不足　55

(2)　監査人の指導的機能は望めない　57

①　監査の役割は「批判的機能」と「指導的機能」の両輪で
あったが…　57

②　監査現場スタッフがその場で答えてくれない　58

2　監査人に頼り過ぎない財務経理部門の体制構築　59

(1)　原則主義に対応できる体制　59

(2)　公認会計士の採用（組織内会計士）　62

①　雇用か業務委託利用か　62

②　公認会計士雇用の留意点　63

(3)　監査手続を理解する　64

(4)　監査戦略を監査人と共有する　65

(5)　監査人との円滑なコミュニケーションが
企業価値向上となる　66

(6)　不正防止は企業が主体的に対応すべき　66

iv

第3章 企業価値を創造する経理財務部門の機能

第1節 非財務価値を生かす ——————————————————— 70

　1　COOはP/L，CFOはB/Sを創造する　70

　2　直接金融を効率的・効果的に使うことを考える　71

　　(1)　直接金融と間接金融　71

　　(2)　経理財務部門だからこそ株価を高める意識を　72

　3　企業価値を時価総額と考えてみる　73

　4　無形資産と経済成長　76

　　(1)　無形資産投資の難しさ　77

　　(2)　無形資産投資の中心は直接金融から　78

　　(3)　組織や人的資本への投資比率が低い日本　80

　5　非財務価値コストを反映させる原価計算　82

　　(1)　有給休暇引当金の原価算入　82

　　　①　有給休暇引当金とは　82

　　　②　有給休暇コストの原価計算への反映　83

　　(2)　教育研修費用も原価算入　83

第2節 サステナビリティとの関わり方 ——————————— 84

　1　なぜ，いまサステナビリティなのか　84

　2　経理財務部門とサステナビリティ　85

　3　実は先進的な日本企業のサステナビリティ活動　86

　　(1)　サステナビリティインフラ　86

　　(2)　統合報告書発行社数が世界有数の日本　88

　　(3)　「三方よし」が長寿企業をつくる　88

　4　経理財務部門は積極的にサステナビリティに
　　関与しよう　89

　　(1)　重要性と継続性　90

　　　①　重要性の原則　90

　　　②　継続性の原則　91

CONTENTS v

(2) 数値の信頼性を担保する内部統制　91

　① 全般統制　92

　② IT統制　95

5 財務への影響　100

(1) 気候変動による会計処理への影響　101

　① 有形固定資産　101

　② 引当金　101

6 CFOからCVOへ　103

(1) 金銭（Money）から価値（Value）へ　103

(2) 統合的思考に基づく価値創造の仕組みづくり　104

　① 価値を定義する　104

　② 価値を創造する　104

　③ 価値の配分・再投資　105

　④ 価値の維持　106

(3) サステナビリティ開示の経理財務業務への影響　107

　① GHG排出量の算定　107

　② 報告境界（≒連結範囲）　107

　③ スコープ１およびスコープ２の
　　 GHG排出量算定プロセス　108

　④ スコープ３のGHG排出　110

　⑤ 算定方法について文書化を推奨　111

(4) グループレベルのデータ作成　111

7 サステナビリティ関連数値を経理財務部門で
扱うための準備　112

(1) 現行の財務会計プロセスを拡大させる　112

(2) サステナビリティコントローラを創設　113

(3) ガバナンス責任者との連携　114

(4) サステナビリティ関連マニュアルの整備　114

(5) 勘定科目を定義する　115

(6) サステナビリティデータ収集に関する研修　115

(7) サステナビリティデータ収集プロセスの内部統制の
整備・運用　116

(8) サステナビリティデータ収集および報告プロセスの
継続的な改善　116

第3節　データマネジメント機能 ─────── 117

1　データガバナンスによるデータ信頼性確保　117

(1) データ管理責任の所在を明らかに　119

(2) 組織が利活用できるデータに加工　119

(3) データの品質管理　119

(4) リスクマネジメントの一環　120

(5) 高い倫理観は必須条件　121

2　データ利活用による価値創造　122

(1) ビジネスモデル，経営スタイルとデータ利活用　123

① 外資系企業のデータ利活用　123

② 何が自社に合致しているか　124

(2) データ可視化によるコミュニケーション変革　125

(3) モニタリングへのデータ利用　126

3　データ戦略によりデータドリブン経営を推進　126

(1) ビジネス戦略とデータ戦略の整合　127

① 計画（Plan）　127

② 実行（Do）　128

③ 分析（Check）　128

④ 課題解決（Action）　129

(2) データレイク構築　129

4　データ文化：データドリブン経営を推進する企業文化　131

5　戦略的資産としてのデータ　131

(1) データ資産から企業価値創造を模索　132

(2) データ資産評価　133

第4節　リスクマネジメントとガバナンス機能 ───── 136

1　3線モデル（スリーラインズモデル）　137

CONTENTS vii

2 リスク軽減から不確実性の管理へ　138
3 内部統制　140
 (1) 「網羅性」確保がデジタル化プロセスのカギ　141
 (2) 「妥当性」の留意点　141
  ① ハンコの偽造　142
  ② 自動承認機能をうまく活用する　142

第4章　次世代の経理財務部門の組織と人材

第1節　次世代の経理財務部門の組織作り ──────── 146

1 事務系作業の集約：アウトソーシング／シェアードサービスの活用　146
  ① 入力（手動）　148
  ② データアップロード　148
  ③ 妥当性の確認（簡単な判断を伴う確認）　148
  ④ 難易度の高い作業　148
  ⑤ プロセス標準化　149
  ⑥ 少人数拠点の場合　150
2 専門性の高い業務の集約：
　CoE（Center of Excellence）　150
  (1) CoEの主な役割とその効果　151
   ① 高度な判断の社内統一化　151
   ② 業務プロセスの構築と標準化　151
   ③ 人材育成と社内変革促進　151
   ④ 組織横断的な視点の醸成　152
   ⑤ 情報の見える化によるガバナンス促進　152
   ⑥ 課題解決のスピード化と効率化　153
  (2) CoEにおける最適な人材　153
   ① 高い専門性　154
   ② 実行するスキルと資質　154

③　リーダーシップとコミュニケーション能力　154

④　物事への問題意識が強く改善意欲が高い　155

(3)　CoEに向いていない人材　155

①　定型業務志向　156

②　独り善がり志向　156

③　評論家　156

3　FP&A（Financial Planning & Analysis）　157

(1)　事業計画，予算，予測管理　157

①　事業計画　157

②　予算策定　159

(2)　管理会計や原価管理　163

①　事業評価のための貢献利益　164

②　最低操業度や売上高を算定する限界利益　164

③　改善項目を明確にする原価差異　165

(3)　将来数値もシステム活用　168

①　予算バージョン管理　168

②　現状使っている勘定科目，部門コードなどが
使えること　169

③　データアップロード機能　169

(4)　財務会計の勘定科目管理　169

①　製品保証引当金，返品保証引当金などのビジネス関連の
引当金　170

②　投資案件に対する評価　170

③　ビジネスに関わる会計・税務等全般に関する助言　171

④　ガバナンス機能　171

4　外部専門家の活用　173

(1)　外部専門家への依頼に向く業務　173

①　難易度・複雑性が高い業務　174

②　発生頻度が少ない業務　174

③　担当社員が退職や休職した場合　174

(2) 外部専門家の選定方法　175

　　① 長期・大型のプロジェクトの場合　175

　　② 専門性の高い領域の場合　176

　　③ 社員の退職・休職など短期での引継ぎが必要な場合　176

(3) 報酬のあり方　177

(4) BCP（業務継続性）の検討　177

(5) 外部専門家を上手に使うためには　178

5　経理財務部門におけるリーダーシップ　178

(1) サーバントリーダーシップ　179

　　① サーバントリーダーシップとは　179

　　② 支配型リーダーシップはダメなのか？　179

　　③ サーバントリーダーシップの特徴的な言動　180

6　ジョブ型制度への転換　181

(1) 「ジョブ」（Job description）の定義　181

(2) 定量的評価　185

7　経理財務人材の報酬　185

(1) 経理財務業務の専門性の高さ　186

(2) 経理財務業務の高い倫理観の必要性　187

(3) 雇用流動性の高さ　187

第2節　企業価値を創造できる人材になるために —————— 188

1　価値に敏感になる　188

(1) 非財務価値の創出例：観光業　189

(2) 非財務価値の創出例：カフェ　189

(3) 非財務価値の創出例：サブスク　190

2　プロセス志向能力　191

3　ITリテラシー向上　192

(1) ITリテラシーの分類　192

　　① 情報取扱リテラシー　193

　　② 秘密保持リテラシー　193

　　③ アプリケーション利用リテラシー　194

(2) ITリテラシー向上のための施策　194

① 動機付けをする　194

② 社内制度を整備する　195

③ 実際にDX化　195

4 データ分析　195

5 ガバナンス・リスク・コンプライアンス（GRC）　197

(1) ビジネスモデルとの関連性　198

(2) COSOフレームワーク　198

(3) 高度な定量化（数値化）と統計スキル　199

(4) リスク感度スキル　200

(5) 監視（モニタリング）スキル　200

(6) 誤謬や不正の分析による組織における経験蓄積　202

(7) ERP特有の管理勘定科目　203

6 問題解決能力　205

(1) 検索能力　205

(2) 事実確認と分析　206

(3) 提案能力　207

7 財務諸表論　207

8 コミュニケーション能力　209

(1) 結論が最初に書かれていること　209

(2) 読み手を意識する　210

(3) 文章は短く，ただし適度な難易度は必要　211

9 リーダーシップスキル　211

(1) リーダーシップは資質ではなく技術　211

(2) マネジメントとリーダーシップの違い　212

(3) コーチングはリーダーシップの基礎となる　213

(4) 価値創造を具現化するリーダーシップ　214

10 行動経済学　215

第3節　職業倫理　　　　　　　　　　　　　　　　　　　　　217

1 職業倫理とは？　218

|2| 職業専門家の職業倫理　219

|3| 職業倫理強化の背景　223

  (1)　倫理リーダーとしての期待　223

  (2)　業務範囲の変革　223

  (3)　ハードローよりもソフトロー　223

|4| なぜ経理財務人材は倫理が重要なのか　224

|5| 倫理の実践　225

  (1)　事　例　225

  (2)　考　察　226

おわりに　233

第 1 章

経理財務部門は
本当に必要なのか

「やっぱりそうなんだ」。2015年に野村総合研究所と英国オックスフォード大学の共同研究により，「AIやRPAの台頭により経理職は今後なくなる職業である」と発表された。この共同研究は，野村総合研究所未来創発センターが「"2030年"から日本を考える，"今"から2030年の日本に備える。」をテーマに行っている研究活動の１つであり，日本の人口減少に伴う労働力の減少を，人工知能やロボット等を活用して，どの程度補完できるかを研究したものである。

当研究報告書によると，英国オックスフォード大学のマイケル・A・オズボーン准教授およびカール・ベネディクト・フレイ博士が共同で，国内601種類の職業について，それぞれ人工知能やロボット等で代替される確率を試算し，この結果，10～20年後に，日本の労働人口の約49％が就いている職業において，それらに代替することが可能との推計結果が得られた。その中の「人工知能やロボット等による代替可能性が高い100種の職業」に，「経理事務員」「会計監査係員」がある。

この報告書は今から約10年前に発表されたものだが，現在における経理財務人材の状況はどうであろうか？　まずはその点から見ていきたい。

1　経理財務人材数の動向

会計専門職も含めた経理財務人材数の動向は**図表１－１－１**，**図表１－１－２**のとおりである。税理士試験や簿記１級試験の受験者数は，だいぶ以前から継続的に減少が続いている。その主な要因は，間違いなく企業のIT化推進による業務効率化である。経理財務業務は，企業が異なっても同じような業務が多く，ITベンダーが機能開発しやすい。経理財務システムをより魅力的な製品にするため，ITベンダーが経理財務業務をより効率化するための開発を持続的に進め，その結果として経理財務部門の人員を削減に成功しているものと考えられる。

なお，**図表１－１－１**，**図表１－１－２**を見ると，2020年頃から多少増加しているが，これはコロナ禍など社会情勢に影響されない安定的な職種であることが再認識されたこと，働き方改革などで１人当たりの業務量を減らさざるを得なくなった分，人員を増やして対応した，などが主な要因であろう。よって，

第1章　経理財務部門は本当に必要なのか　　3

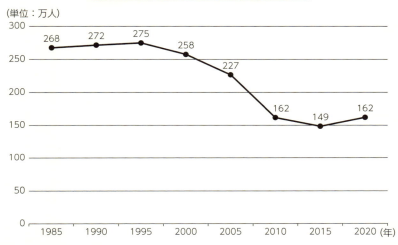

図表1－1－1　会計事務従事者数の推移

出典：1985～2015年は総務省統計局「国勢調査 時系列データ」より集計，2020年は総務省「労働力調査 基本集計　全都道府県　2020年12月」より抜粋

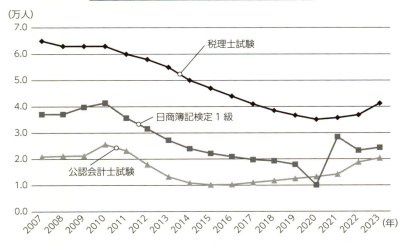

図表1－1－2　会計系資格受験者数の推移

出典：税理士試験受験申込者数：国税庁「税理士試験情報」より集計，日商簿記検定1級受験者数：日本商工会議所「受験データ」より集計，公認会計士試験受験者数：公認会計士・監査審査会「公認会計士試験情報」より集計

根本的に経理財務部門における業務需要が増加したということではない。

2　IT化推進とその効果

　上述したように経理財務人材数は継続的に減少しており，実際に売上増加など事業規模の拡大があったとしても，IT化などによる業務効率化で対応し，経理財務部門の人員を増やそうと考えている企業はそれほど多くないのも事実である。

　それでは，IT化による経理業務の効率化はどれほどの効果が出るのであろうか。これについては，興味深い報告書がある。

図表1-2-1　ICTによる生産性向上の効果

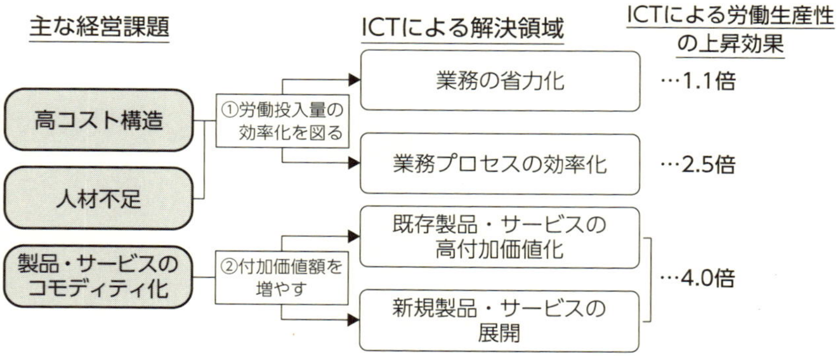

主な経営課題　　　　　　　ICTによる解決領域　　ICTによる労働生産性の上昇効果

高コスト構造　　①労働投入量の効率化を図る　　業務の省力化　　…1.1倍

人材不足

製品・サービスのコモディティ化　　②付加価値額を増やす

業務プロセスの効率化　　…2.5倍

既存製品・サービスの高付加価値化

新規製品・サービスの展開　　…4.0倍

出典：三菱総合研究所「ICTによるイノベーションと新たなエコノミー形成に関する調査研究報告書」図表2-18

　2018年3月に総務省から公表された「ICTによるイノベーションと新たなエコノミー形成に関する調査研究報告書」（三菱総合研究所）によると，ICT（Information and Communication Technology，情報通信技術）の導入・利活用による経営課題の解決領域のうち，「業務の省力化」による労働生産性の上昇効果は，わずかに1.1倍となっている。それに対して，「業務プロセスの効率化」の効果は2.5倍である。業務の省力化は，現状あるプロセスを変えずに，そのままIT化することであり，当報告書の事例ではRPA（Robotic Process

Automation，ロボットによるプロセス自動化）などを挙げている。一方，業務プロセスの効率化は，当報告書の事例では，「建設業では，測量，設計・施工計画，施工・施工管理，検査という業務プロセスが存在する。建設現場をドローンで撮影し，その映像や測量データに基づく設計をAIにより自動化することができれば，測量と設計・施工計画のプロセスは一体化することが可能になり，業務プロセスが効率化される。」としており，プロセス自体の統合などをイメージしている。

　こうした視点から経理財務業務を見てみると，IT化は比較的進んでいるといえる。その典型は会計システムである。会計システムは，どのような規模の企業や組織でも導入されている。現代では手書きの帳簿やExcelなどの表計算ソフトなどで対応しているケースはほぼないといってよい。会計システムに対する伝票入力についても，近年ではシステム同士によるデータ連携技術が進み，データアップロードまたはAPI（Application Programming Interface）※といわれるシステム間データ連携技術が著しく向上したことにより，販売・仕入データなどの日常業務データの手入力が不要になってきている。特に，データボリュームが大きい企業については，手入力はミスを誘発することになるため，業務システムからの伝票手入力は行っていないことが多い。

　※　APIはソフトウェア同士をつなげるインターフェースであり，ソフトウェアにはオペレーティングシステムやマウスやキーボードといった周辺機器を動かすためのデバイスドライバ，ExcelやWordをはじめとするアプリケーションソフトと機器の様々な階層に組み込まれている。

　一方，決算業務に典型的な決算仕訳（引当金，税金，減損等の評価など）は，Excelなどの表計算ソフトで対応しているケースがまだまだ多いと思われる。ここに効率化を求めるとしたら，RPAなどを導入することもできるであろう。しかし，もともと決算業務は「多品種少量」業務であり，業務種類は多いが，そこまで各プロセスの工数が大きいわけではなく，省力化の効果もあまり大きくない。どちらかというと，ミスやエラーの防止のために導入していることが多いであろう。

3 経理財務業務への投資は ROIではなくインフラ的視点で検討する

　本書では経理財務業務に様々な変革を促すが，それを実行するため，場合によっては金銭的な支出が必要となる。金銭的支出となると，稟議書でROI（投資利益率）分析をすることが多いが，経理財務業務にROI分析を行うことは困難であり，無意味といっても過言ではない。その投資を行うことで業務を省力化できるといった視点でROIを算定することもできるかもしれないが，そのような算定をすると，ほぼROIを満たさない。上述したが，業務の省力化効果はかなり限定的であり，業務プロセスの変革を同時に行うことで大きな効果となるからである。

　したがって，経理財務業務への金銭的支出については，ROIではなくインフラ的視点で検討したほうがよい。例えば，社員各人に支給する携帯電話やタブレット端末への投資は，ROI的視点ではなく，業務変革として考えているはずである。つまり，その投資により空いた時間を他の効果的な活動に振り向け，あるいはテレワーク環境対応により従業員満足度を向上させるといったような，単純にROIで計測できないものと考えられているはずである。これは，企業活動のインフラ投資として考えられており，稟議においてもその視点で承認されている。

　このように経理財務業務への金銭的支出もインフラ投資として検討し，稟議書にその旨の分析，検討を記述していくことができれば，組織において承認が得やすくなるのではないかと考える。つまり，インフラ的な分析，例えば上述した，経理財務人材が不足していることでDX化を推進する必要があること，業務の省力化よりも業務プロセスの変革が大きな効果を生むことなど，その投資の必要性や効果の出し方を稟議書などに記載するとよいだろう。

4 経理財務部門の生き残る道は企業価値の創造

　経理財務部門は事務請負部門の代表格であり，これは現在でも自他ともに認めるところであろう。しかし，このまま事務部門の代表格という位置付けを続

けていくと，本章冒頭の報告書での指摘のように，DX化やAIなどによって，その存在価値が低下していくであろう。経理財務部門は本当に必要なのか。その答えは「事務請負部門からの脱却」と「企業価値の創造」にあると筆者は考える。

(1) 「経営の参謀役」への役割期待

従来の経理財務部門の役割は，事務・管理業務が中心であった。2003（平成15）年3月に経済産業省から公表された「サービス部門（経理財務分野）の職能評価制度に係る基本調査研究報告書」（野村総合研究所）では，経理財務分野の業務マップが**図表1－4－1**のとおり示されている。いささか古い資料ではあるが，汎用性のあるものとして，よくまとまっている。

当報告書は，経理財務部門の役割について，「単に会計情報の作成に留まることなく，全社の事業や製品について理解し，経済や社会情勢，競合環境の変化等も念頭に置きつつ，会計情報を分析し，経営への提案機能を高めること，すなわち，「経営の参謀役」としての役割，機能を一層高めていくことが期待されている部門」へと誘導している。経理財務部門は，事務作業やコスト管理など，いわゆるバックオフィス的な役割から，会社の成長や発展に向けて経営リソースを投入できるよう，常に価値創造を意識した役割へと脱却することが大事である。「経営の参謀役」とは，ビジネスを支える役ではなく，ビジネスの両輪としての役割を担うものだという自覚が必要である。

図表1－4－1 経理財務分野の業務マップ（鳥瞰図）

ファイナンス（財務）系業務					アカウンティング（経理）系業務		
債務管理	債権管理	資金管理	資金調達運用	資本政策対応	月次決算	制度会計決算	税務
• 債務管理業務企画 • 買掛未払管理 • 支払処理 • ファクタリング	• 債権管理業務企画 • 売上入金管理 • 与信管理 • 不良債権管理	• 資金管理業務企画 • 現金出納業務 • 金庫管理 • 手形・小切手の発行・受入 • 銀行取引業務 • 資金繰管理 • グループ資金管理 • 余資運用 • 為替管理 • 銀行口座管理	• 資金調達運用業務企画 • 有価証券売買 • 投資有価証券管理 • 融資管理 • 借入金管理 • 社債の発行 • 資産の流動化 • デリバティブ取引	• 資本政策企画立案 • 株式公開 • 増資 • トラッキングストックの発行 • 金庫株 • ストックオプション • 減資（無償減資） • 減資（有償減資） • 株式分割 • 株式併合	• 月次決算業務企画 • 起票データのチェック・牽制 • 帳簿・証憑管理 • 固定資産会計 • 決算準備 • 月次決算（単体） • 月次決算（連結） • 原価計算	• 制度会計決算業務企画 • 単体決算（四半期,半期,通期） • 連結決算 • 会計士監査対応 • 投資家対応 • 投資家以外の社外報告 • 格付け維持・更新 • 監査役・内部監査室対応	• 税務業務企画 • 会計データチェック・フォロー • 消費税納付 • 固定資産税納付 • 法人税納付 • 事業税・事業所税・住民税納付 • 印紙税納付 • 連結納税 • 移転価格対応 • 対外アンケート対応 • 関係会社支援 • 子会社等の債権放棄・債務免除 • 企業グループ再編対応 • 税制改正,通達改正対応

(2) 非財務価値の創出に経理財務部門が参画する

　日本では，製造業を中心に経済が発展してきたため，財務諸表，特に貸借対照表（B/S）に記載されている資産と負債という「見えるもの」だけが価値とみなされることが多い。このことは，金融市場，特に間接金融（銀行借入れ）を行うにあたって，有形固定資産による担保が，長い歴史において主体であったことが証明している。しかしながら，人的資本が売上と費用を構成しているサービス産業では，B/Sには人的資本は計上されないため，そのB/Sだけを見

経営管理		その他経理財務業務	会計周辺業務	
管理会計	事業構造改革対応		人事関連	その他
• 管理会計業務企画 • （月次）業績管理分析 • 原価管理 • 設備投資管理 • 予算策定 • 業績評価制度運用 • 中期経営計画の策定 • 長期経営計画の策定	• 事業の提携・部分出資 • 新事業立上げ • 新会社（100％子会社設立） • 企業買収 • 企業再編（分割） • 企業再編（統合,合併） • 企業の再建・清算等	• 稟議 • 不正の摘発・防止 • 経理財務部員の教育育成 • 社内・グループ会社指導教育 • 取引先経営指導 • 下請法対応 • 規程管理 • 環境会計対応 • 会計システム管理 • 業務プロセス管理再設計	• 給与・賞与支払 • 退職金の支払 • 労働保険料納付 • 社会保険料納付 • 地方税納付 • 源泉所得税納付 • 決算対応 • 年金資産管理	• 管財業務 • 集中購買管理 • 輸出入関連事務

出典：野村総合研究所「調査報告書　平成14年度サービス産業競争力強化調査研究（サービス部門（経理財務分野）の職能評価制度に係る基本調査研究）」

ていては，適切に価値を把握することはできない。また，現代の製造業においても，B/Sに計上されないブランドや培ってきた取引の信用力などの非財務価値が大きくなっており（この点は第3章で詳述する），企業価値を財務諸表だけで表示していくことには限界があるといわざるを得ない。これは，いわゆる会計基準の限界ともいえるであろう。

　したがって，もし，財務諸表だけを基礎としてファイナンス（資金調達）を行うならば，サービス産業は製造業に比べて苦労するだろう。また，新しい革新的な技術に対する価値（特許権などの無形資産）がB/Sに記載されていない

ために，それが評価されず資金調達ができないとしたら，その革新的な技術を製造し販売していくことも難しい。

ここが，経理財務部門の「腕」が試されるところである。財務諸表に計上されていない価値をいかに表現するか，それに伴った価値をいかに引き出すか。ファイナンスという場面でそれが最も発揮できる。

いずれにしても，現在の財務諸表だけでは企業価値を適切に反映することが難しいのであれば，経理財務部門がそれを適切に社内外に伝えていくことが「企業価値の創造」といえるのではないだろうか。その結果，投資家や金融機関などからのファイナンスを引き出し，非財務価値を財務価値に変換することができれば，最終的には利害関係者がその価値を享受できるような財務効果をもたらすことになる。

(3) 経理財務部門の社内的立場向上の鍵は 「直接金融の資金調達力」

すべての日本企業とはいわないが，概して経理財務部門などのバックオフィス部門は社内的な立場が弱い。これは，日本は歴史的に「モノ作り」に長けた文化であり，お金稼ぎよりも「モノ」で社会に貢献することが敬意を集めるという背景があることが1つの要因であろう。それゆえに，前線である営業や製造，技術部門からの「われわれが稼いでいるのだから感謝しろ！」というような感覚が社内文化として根付き，バックオフィス部門が疎まれている企業も多い。

しかしながら，ビジネスをするためには資金が必要であり，資金調達（ファイナンス）を担当しているのは経理財務部門である。「いやいや，資金だって，われわれ前線部門が稼いだ金で回している！」という意見もあるかもしれないが，稼いだ金だけで事業を回すとしたら，それこそ事業拡大には限界があろう。例えば，大きな投資が必要な新規事業に対して，既存のビジネスからの利益だけで投資をしていては，スピード感がなくなり競争力が失われていく。そうなってしまっては，企業自体がサステナブル（持続可能）でないことは明らかである。

そのような意味で，企業が成長するための重要なバロメーターの1つは資金

調達力にあるといえ，その資金調達力は企業価値に比例するといっても過言ではない。また，企業価値を反映した資金調達の真骨頂は，間接金融ではなく直接金融である。特に，新規事業への大きな投資や長期的な視点で投資するべきサステナビリティ関連投資については，直接金融が相応しい。

　経理財務部門は，安易に間接金融に頼るのではなく，できるだけ直接金融に挑戦してほしい。長らく日本ではゼロ金利政策であったために，配当金よりも支払利息のほうが安く済むといった状況が続いていた。手続が簡易な間接金融に頼りがちであっただろう。しかし，コロナ禍が明けてからは物価や株価も上昇し，金利も上昇する機運となっている。よって，直接金融による資金調達も有利になる状況になってきている。配当は利益が出ていなければそもそも行う必要はないわけであるから，経理財務部門としては企業価値を高めて資金調達力を強化し，経理財務部門の存在価値について改めて強くアピールしてほしい。この点は第3章でも詳述する。

⑷　持株会社では「企業価値評価」が主要業務

　日本では，1997年の独占禁止法の改正により持株会社が解禁され，翌年には金融持株会社に関する法的な整備もなされた。今日では事業会社による多数の持株会社だけでなく，メガバンクを中心とする金融持株会社も設立されるようになっている。戦後半世紀にもわたって禁止されてきた持株会社が解禁されたことは，日本経済における1つの転換期を意味しており，それを契機として全般的に企業法制も大きく転換した。これにより，M&Aや新たな企業結合方式が登場し，組織再編をしやすくしたのである。

　持株会社はその名のとおり，グループ関係会社の株式を保有する目的の会社である。事業そのものは傘下にある事業会社が行うので，持株会社の役割は主に事業の評価であり，企業価値算定と考えられる。持株会社の役割が事業価値評価だとすれば，おのずから経理財務部門は，常に事業について「価値」を意識して業務することとなろう。その場合には，やはり財務項目だけではなく，むしろ，企業価値に対する比重が高まっている非財務項目にも着目しなければならないといってもよい。

　当然，財務項目は連結財務諸表のように関係会社などを含めたグループ会社

が対象であるが，非財務項目も同様にグループ会社も扱うことが必要となる。とりわけサステナビリティ開示，特にCO_2削減データなどについては，資本関係を有しない取引先も対象となることから，これらのデータ収集プロセスと当該データの信頼性確保も重要な業務となる。経理財務部門は，このような業務には一日の長があることから，今までの知見を活かすことも含めて，非財務項目にも積極的に関与していきたい。

第 **2** 章

既存業務の効率化

第 1 節　DX化

　ビジネスの現場やメディア等でよく耳にするDXは，デジタルトランスフォーメーション（Digital Transformation）の略であり，「デジタルトランスフォーメーションを推進するためのガイドライン（DX推進ガイドライン）Ver. 1.0」（経済産業省，2018年12月）では，DXを「企業がビジネス環境の激しい変化に対応し，データとデジタル技術を活用して，顧客や社会のニーズを基に，製品やサービス，ビジネスモデルを変革するとともに，業務そのものや，組織，プロセス，企業文化・風土を変革し，競争上の優位性を確立すること」と定義している（なお，その後，DX推進施策体系を踏まえて「デジタルガバナンス・コード」と「DX推進ガイドライン」を統合した「デジタルガバナンス・コード2.0」（2022年9月），「経営におけるデータ活用」「デジタル人材の育成・確保」などに言及した「デジタルガバナンス・コード3.0」（2024年9月）が公表されている）。

　つまり，DXとは，データとデジタル技術によって商品やビジネス，業務，企業文化等の変革を成し遂げるものであり，その目的は，企業における競争力の強化，さらには企業価値向上といえる。

　経理財務部門では，DX化はほぼ必須であるといっていい。ただ，企業内でDX投資を進めるための稟議プロセスでROIを説明しなければならないとすると，どうしても説明することが難しい，というのが正直なところではないだろうか。しかし，経理財務部門のDX化は，前述したように，ROI的なリターンを求める投資というよりも，インフラ更新という意味合いといえる。

1　DX化はサステナビリティ投資

　DX化はインフラ更新であり，特にコロナ禍を経た現在では，DX化が進んでいないとテレワークや電子マネー対応などができず，場合によっては労働環境

などリクルート市場での競争力が弱くなり，よい人材が採用できなくなる。それこそ，サステナビリティの問題となる。つまり，DX化は究極的にはサステナビリティ投資ともいえよう。

インフラ更新と一言でいってもなかなか伝わらないかもしれないが，例えば携帯電話，Wi-Fi，エアコンなどが同様の例として挙げられる。携帯電話の導入は，いまや企業におけるコミュニケーション機器として必須である。営業部門の従業員が携帯電話を持っていなければ迅速な対応が取れず，また様々な情報コミュニケーションもかなり制限される。また，Wi-Fiはいまや社会インフラとなっており，あらゆる公共の場所で利用できる。パソコンや携帯電話を接続するためにも必須の機器である。エアコンも，これがなければ仕事はおろか生活もできないであろう。暑い夏や寒い冬などは生命の危機となる場合もある。

インフラというのは，それがなければ致命的なものであるが，そのような意味で，DX化投資はもはやインフラ整備投資といっても過言ではない。

(1) ROI視点で考えるべきではない

それでも，企業における投資稟議でROIに言及しなければならないとしたら，ROIを次のように定義し直してみるとよいだろう。

図表2−1−1　インフラ投資のROI

ここでのポイントはReturn（企業価値）である。従来であれば，ここは財務価値つまり金銭（金額）であるが，ここを企業価値としている。DX化における企業価値への影響は，下記が考えられる。

① 業務効率化

業務効率化は，真っ先に思いつくDX化のリターン（便益）であろう。ただし，経理財務部門でできるDX化では，業務プロセスをそのままに，単に省力化を目的としたデジタル化（ペーパーレスなど）では，それほど大きな効率化は達成できない。DX化によって業務プロセス全体を大きく変革することが重要となる。例えば，経費精算システムとプロセスを刷新して，領収書スキャン，自動承認，インターネットバンキング連携，自動仕訳など，一気に業務プロセスを変革させることが重要である。

② 環境への配慮

例えば，DX化に伴う紙消費量の削減や，出張による移動を減少させることによるGHG（Greenhouse Gas）排出量削減などが，効果として考えられる。ただし，マクロ的視点で見れば，例えばデータセンターの増築に伴い電力利用が増加することで，結局GHG排出量が増えてしまい，DX化による環境への効果はそこまで大きくないかもしれない。

③ 人的資本

DX化が最も影響を与えるのは人的資本であろう。大きくは人的資本に対する労働環境整備と，優秀な人材確保による効率性向上であろう。逆にいえば，DX化が進まないとこれらが損なわれ，必要な従業員を最終的に確保できなくなり，事業自体がサステナブルではなくなってしまう。

コロナ禍で，紙書類を処理するために出勤しなければならない，といった事例が見られたが，この場合，出勤することで新型コロナウイルス感染リスクにさらされるといったことも，従業員に対する労働環境の視点からは問題がある。また，労働環境というと身体的な健康といった視点を考えがちであるが，精神面における健全性，つまりハラスメント防止という視点もある。

(a) 若い世代の価値観

最近「タイパ」という言葉を耳にすることがあるが，これはタイムパフォーマンス，つまり時間を効率的に使いたいという生活様式を指す。この「タイパ」

を就業環境で考慮していかないと，場合によっては人的資本に対して結構なストレスがかかる。つまり，DX化して人間でなくてもできる仕事をやらされているといったストレスは，特に若い世代では大きいであろう。

　経理財務部門の実務では，単純作業もそれなりにある。ひと昔前は，仕事が一人前にできるまでは修行として単純作業も当たり前といった風潮もあったが，今では，もし単純作業で残業などが続いてしまった場合には，心的消耗となるかもしれない。これも，ひと昔前は，残業代という金銭補償がストレスに対する代償であったが，現代では残業代とストレスはバーター（価値交換）ではなくなってきている。どちらかといえば，自分自身の時間を大事にしたいという価値観のほうが強い。DX化は，これを実現するのに必須なのである。

　また，特にZ世代はコロナ禍から始まったオンライン授業に慣れており，就職活動などにおいてもweb面接が一般的となっている。リモートでの活動は移動時間を削減できるためDX化で事が済むのに，わざわざ足を運ばなければならないとなると，タイパが悪いと感じられてしまう。これからを担う若い世代がこういった価値観を持っているとすれば，DX化をしていない企業は就職対象から外れてしまう。そうなれば，人材がサステナブルではなくなってしまうことになる。このようにDX化は，サステナブルな事業運営，特に人材確保には必須なのである。

(b)　若い世代の行動様式

　DX化は効率性にも貢献することが明らかであるが，デジタルネイティブといわれる若い世代は，生まれた時からデジタル環境で育ってきており，例えば授業の黒板（またはホワイトボード）をノートに書くといったことはせず，スマートフォンで写真を撮って保存するような習慣がある。

　このような世代に，紙書類のファイリング，文字を手で書く，同じことを繰り返す，のような動作を行わせると，そのような作業に慣れていないので，業務効率が悪くなる。デジタルファイルの整理，フリック入力，コピー＆ペイスト（貼り付け）といったデジタル操作に慣れているから，そのような意味でもDX化して，彼ら／彼女らが得意な労働環境を整備すべきであろう。

　このようにDX化は，人的資本に対して企業価値に大きく影響する。

④ ガバナンス

DX化は，ガバナンスの視点でも大きな影響を及ぼす。端的にいえば，情報の透明性向上である。従来は，情報はヒトが紙や口頭，近年はメールなどを用いて伝達していた。そのため，組織内における情報の浸透や情報品質の確保，伝達スピードの確保などについては，ヒトの行動に依存するところが大きく，かなりの制限があった。

このような課題は，例えば，全社で見られる情報ポータルや共有データベースなどを構築することで解決できる。解決できると，組織内における情報の透明性が確保できるため，ガバナンスを確保できる。

実は，情報の透明性は，かなり不正の防止に役に立つ。例えば，売上や受注情報について，現場でシステム入力したデータが全社に共有できると，そこから不正な改ざんをする心理的なハードルは高い。もちろん，システムに不正なデータを入力することはできるが，「皆が見ている」という環境は，不正をする心理に負担が大きい。いうまでもないが，紙であればこのような情報の透明化は難しい。このように，DX化による情報の透明性向上は，ガバナンスにも大きく貢献するといえる。

また，伝統的な日系企業においては，既存システムが複雑化していることで，内部構造を遡って解明できない状態，いわゆるブラックボックス化の問題がある。経済産業省が「DXレポート」で指摘した「2025年の崖」である。複雑化・老朽化・ブラックボックス化した古い基幹システムが残存した場合，2025年までに予想されるIT人材の引退やサポート終了などによるリスクの高まりなどによって，いわゆるITガバナンスが低下してしまう可能性がある。加えて，古い基幹システムを維持していくためのコストは，場合によっては大きな負担になるため，このような点を含めて最終的に企業競争力が落ちてしまい，企業価値が毀損してしまう。

ガバナンスはサステナビリティ要素の1つでもあり，企業価値を構成する非財務項目の1つでもある。DX化におけるROIのリターンの要素として，ぜひ勘案してもらいたい。

(2)　業務プロセスの自動処理化に伴う期待効果

　DX化を業務プロセスで考えると，まずは自動処理化が挙げられる。業務プロセスの自動化は，従来は単純に省力化，時短化が中心であった。つまり，時間のかかる反復的な作業を，ITが代わりに行うといった考え方であった。この考え方でいくと，ROIのリターンとしては，人員削減，工数削減が期待される。しかし，人間が作業しているものをそのままITが引き継いだ場合には，そのような成果は期待できない。自動処理化することで，そのシステムのデータ構造に合わせて入力項目がむしろ多くなってしまい，入力工数が従前よりも多くなったり，さらにシステムが複雑になることで入力データ誤りや操作誤りなどが発生して，確認作業や修正作業などによって人間の工数が増加してしまったりすることがある。

　むしろプロセスの自動処理化に期待されるのは，あらゆるDXツール（AIなどの機械学習を含む）を駆使した，プロセス自体の変革である。取引の発生から決済までの自動化，すなわちビジネス関係のシステム（フロントエンドアプリケーション）と管理関係のシステム（バックエンドアプリケーション）を統合したり，さらには取引先やインターネットバンキングなどの外部システムとの連携までを含んで統合することで，業務プロセスを合理化することである。また，手動作業であれば一定数の作業ミスが発生し確認作業が必須であったところを，プロセスの自動処理化によって，データ品質と作業効率を向上させることが期待される。

　以下で，現在，自動処理化が進んで一般化しつつあるプロセスを挙げてみる。

①　経費精算プロセス

　経費精算業務は，実は経理財務部門が最も工数を使う業務の1つである。その割には扱う費用金額は大きくなく（恐らく費用全体の数％程度），コストパフォーマンスが悪い。比較的現代でも領収書などの紙証票が多く，そのため手動作業（目検による証票と入力値の手動突合など）も多く発生する。

　この経費精算業務に関しては，近年多くのシステムが開発された。その特徴的な機能と留意点は下記のとおりである。

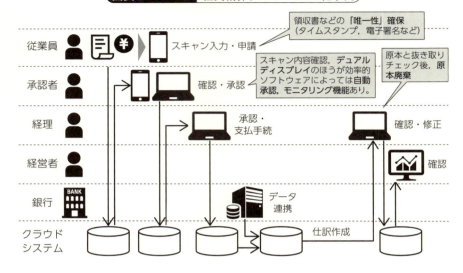

図表2−1−2　経費精算プロセスのDX化事例

(a) 領収書などのスキャン添付申請

　最近ではスキャン機能が進化し，スマートフォンやコピー機などによって，簡単かつ高品質のスキャンが可能となっている。経費精算を利用するのは，主に営業担当の従業員など社外で活動する担当者が中心なので，スマートフォンによって領収書などをスキャン添付して経費精算申請ができるようになれば，事務作業のために事業所に戻る必要がなくなり，かなりの効率化が図れる。多くの経費精算システムは，このスキャン添付申請を標準機能として搭載していることが多い。

　ただ，領収書などのスキャンは，スキャンファイルをコピーしたり，重複してスキャンすることが容易であるために，不正を誘発しやすい。この，網羅性確保（重複防止）の視点においては，例えば電子署名やタイムスタンプなどが有用である（これは従前の電子帳簿保存法においては必須要件であったが，現在は緩和されている。電子帳簿保存法については 2 参照）。ただ，このような電子的なツールを用いると作業が複雑になってしまうため，例えば領収書に「唯一性」が確認できるようなメモ（日時，氏名，場所など）を記載してスキャンする。スキャンされた画像に改ざんが加えられていないかなどを確認する画

像改ざん検知ツールなどを用いる，などの統制手段を講じることも検討したい。画像改ざん検知ツールは，すでに監査法人などでも利用しているので，監査法人などと相談するのもよい。

　また，紙証票については，スキャンされたものだとしても専用台紙などに貼付して経理財務部門に送付され，それと入力数値が一致していることを確認するなどの手続があったが，これも改正電子帳簿保存法により，スキャン後に廃棄可能となった。しかしながら，取引直後に廃棄するのではなく，ある一定期間（1年間程度）は保存して内部監査の対象とするなど，一定の牽制をすることで不正防止対策も行いたい。

(b)　自動承認機能をガバナンス視点で設定

　経費精算では，少額の取引が大量に発生する。また，電車運賃の精算など同質取引も多く，上長の確認・承認も大きな負担になりやすい。このため，承認者はシステム上の経費精算タイトルと金額だけを見て，「すべてを選択」→「承認」といった操作をしがちで，詳細な確認を省略することもあろう。

　そのようなときに活用すべきなのが，自動承認機能である。自動承認機能は，設定で単純に「自動承認可」にするだけでは機能せず，例えば自動承認しない取引を設定することで，それ以外の取引を自動承認することとなる。つまり，不適切取引となる可能性のある取引属性を指定することで，これらに対する詳細な確認・承認に注力して，不適切取引に対する監視（モニタリング）をすることができる。例えば，下記のような取引を自動承認から外す。

- 土日祝日（会社休業日）
- 標準運賃と異なる金額
- タクシー領収書の同日時申請が別従業員からある場合
- ある一定以上の金額
- 接待交際費

　企業の業種業態によっても，これらの属性指定は異なる。それぞれの不正リスクに応じて属性を指定したい。なお，不正リスクについては，ガバナンス責任者（社外役員，監査役など）や内部監査部署と検討することが望ましい。

(c) デュアルディスプレイ環境

　今や一般的となりつつあるデュアルディスプレイ環境（ディスプレイを2台並べての作業）であるが，これもDX化には欠かせない。従来，デスクに置かれた紙証票とシステム数値画面とで目検確認突合をしていた作業は，証票をスキャンすることになると，それもディスプレイで視ることになる。これをディスプレイ1台で対応するとなると，ディスプレイの大きさにもよるが，画面をスキャン証票とシステム数値に切り替えながら目検確認突合を行うことになり，作業として効率的でなく，確認作業の正確性も落ちることになる。これを2台で行い，それぞれのディスプレイにスキャン画面とシステム数値画面を映せば，効率的に確認作業を行うことができる。

　ただし，デュアルディスプレイ環境を整備するためには，それなりのデスクの広さと，当然ながらディスプレイをもう1台購入する必要がある。ディスプレイは以前に比べてかなり安価で購入できるようになったため，それほど大きな投資にはならないと思われるが，デスクを広くすることについては，スペースやデスクなどの金銭的な投資としては可能であっても，役職の高い人間が広いデスクを使うといった従来型の企業文化だと，このような事務作業を行う従業員に広い作業スペースを与えにくいといった企業もあろう。そこをDX化で変革することも重要なのである。事業所にてスペースが必要な担当者に必要なスペースを提供することが重要であり，例えば社外を中心として活動をする従業員（営業担当など）はフリーアドレス制（座席を固定しないオフィス）とするなど，スペースを効率的に利用することも1つの変革である。

　使用頻度が低いのに広いスペースを占有することは，企業価値向上にはならず，むしろ毀損することになる。経営層は，個人のプライドよりも企業価値向上を優先するように方針を改めていくことも，DX化を実効性のあるものにしていくために重要である。

(d) システム間データ連携

　経費精算システムは，帳票スキャンおよび保存という文書管理機能，組織内承認というワークフロー機能などを搭載している必要があり，基本的にはグループウェア的なソフトウェアとなる。よって，例えば会計システムと連携す

る場合には，システム間データ連携のためのインターフェースが必要となる。また，承認のために各従業員データや部門コード，プロジェクトコードなどを紐付けるデータなどとも連携する必要もあるだろう。これらは別々のシステムになっていることが多いため，データ連携をすることが必要となってくる。その場合には，もちろんインターフェース開発をするための投資が必要となり，場合によっては投資額が比較的かかってしまうかもしれない。

しかしながら，現在のAPI（Application Programming Interface：自動データアップロード機能）は，取引データにしてもマスターデータにしても，大変高い品質でデータ連携できるので，手動でデータ連携するとは考えないでもらいたい。

APIを使うことで，ほとんどのソフトウェア間の連携は可能となっており，多少の投資をしても，ソフトウェア連携をすることをお勧めしたい。データ連携を手動で行うとデータ品質が劣化し，せっかくのDX化も，場合によってはさらに業務工数が増加してしまうかもしれない。よって，すべてのソフトウェア間の連携は，API技術を用いて自動データ連携にすることを強くお勧めする。

(e) 自動仕訳

最終的には，経費精算システムから会計システムに自動仕訳がなされるようにしたい。ただ，その際に，経費精算申請者が勘定科目を選択する形式ではなく，申請者が理解できる内容説明と勘定科目を紐付けて，会計システムとデータ連携および自動仕訳を行うようにするのがよい。

システム上で単に「会議費」「接待交際費」などの費目を経費精算申請者に選択させるのでは，間違いが多くなり，経理財務部門の手間が大きくなってしまうので，例えば，

- 会議費：会議のための資料作成や場所確保のためにかかった費用，飲食代（1万円以下/人かつアルコールを含まない）
- 接待交際費：外部の事業関係者に対する接待飲食代（1万円超/人またはアルコールを含む場合）や贈答品などの費用

というように費目よりも項目説明を選択して，それが自動仕訳に反映されるのが最も望ましい。

(f) インターネットバンキング連携

経理への仕訳が終了したら，経費精算申請者に支払を行うために，インターネットバンキングに登録を行うが，もちろんこれも支払データをインターネットバンキングシステムにアップロードして支払実行すべきであろう。むしろ，インターネットバンキングに手動入力して支払などを行うことは避けたい。理由は，まず入力ミスによる支払先や金額のミスを避けたいこと，さらに支払先を限定することにより不正支払を避けるためである。

外部への支払ではなく，自社内の銀行間資金振替であったとしても，下記のとおり仕訳を行うことで，記帳→銀行支払という内部統制プロセスを経ることがガバナンス上重要である。

```
＜自社内銀行間振替の仕訳例＞
振替依頼時：
 （借）資金振替勘定      ×××   （貸）未払金（自社）    ×××
    （B/S勘定）
振替後：
 （借）未払金（自社）    ×××   （貸）預金（A銀行）     ×××
 （借）預金（B銀行）     ×××   （貸）資金振替勘定      ×××
                  （B/S勘定）
```

② 販売プロセス

(a) 注文書および請求書発行

コロナ禍以降，急速にペーパーレス化が拡がり，注文書や請求書は電子ファイル送付が当たり前になってきた。恐らく，この流れは変わらず，一度デジタルファイル（主にPDF）での送受信で相互合意できている場合には，紙での郵送には戻らないであろう。

自動処理化の例としては，ERP（Enterprise Resource Planning：基幹業務システム）や一部のクラウドシステムなどでは，請求書発行と売掛金／売上の計上はすでに機能装備している。よって，従来から当機能を用いていれば，すでに請求書発行と経理記帳（売掛金／売上）は自動処理される。

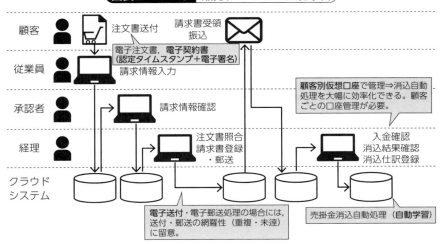

図表２−１−３ 販売プロセスのDX化事例

　また，ここで特にPDFなどの電子ファイル請求書に会社印が押されている場合があるが，これは複製されるリスクがあり，あまりお勧めできないことは，一応言及しておく。詳細な解説については，別項の「電子ハンコ」に記載しているので，参照していただきたい。

(b) 消込業務

　売掛金の消込業務も，経理財務部門にとっては工数のかかる作業である。取引数が少ない業種であれば難易度も低いため，それほど工数はかからないが，取引量が多い場合には，自社の請求（もしくは取引契約に基づく入金予定額）と実際の入金額が異なる場合が多く発生する可能性があり，場合によっては営業担当や取引先に確認しながら消込みを行わなければならない。

　最近では，AIを用いて消込候補を挙げてもらい，対象となる消込取引を選択するといった機能を搭載したシステムも存在する。例えば銀行手数料を差し引いて振込みをする取引先がある場合には，一度その消込方法を学習させると，今後はその情報をAIが覚えて消込取引候補を提示する，といったこともできる。また，そもそも銀行口座入金情報を，取引先ごとの補助元帳に反映させるデータ連携機能もある。その場合には，入金時に記載される相手先名をシステ

ムに登録もしくはAIなどに学習させて、次回から自動的に補助元帳に自動反映できるようにする。なお、これを推進するために、銀行が口座番号を取引先ごとに付番するサービスも有料だが行っているので、このサービスを使うこともできる。

(c) 取引先マスター登録

このような販売管理システムは、当然ながら取引先マスター機能を装備している。ただし、新しい取引先に対する請求書を発行する際に、その取引先を新規取引先として自動登録する機能を持つ会計システムもあるが、この自動登録はガバナンス上留意しなければならない。なぜならば、新規取引先との契約開始については、場合によっては稟議事項であり、例えば新規取引先の信用状況を調査したり、取引契約書や決済条件などについて合意する必要がある。請求書発行から自動的に取引先マスターに自動登録できるのは、DX化として業務効率を推進する機能としてはよいが、上記のとおりガバナンス上留意すべきであることを認識したい。

③ 銀行取引プロセス

近年における銀行取引は、インターネットバンキングによって行われていることが多いと考えられる。また、銀行においても支店やATMなどを削減しつつあり、インターネットバンキングの利用を推奨している。このような状況に

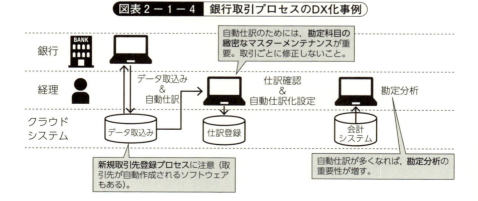

図表2－1－4　銀行取引プロセスのDX化事例

おいて，会計システムも，インターネットバンキングと自動データ連携機能を搭載しているものが多いが，従来であれば支払データとその出金についてデータ連携をしているだけで，入金や支払利息などの取引については手動記帳が多かった。いまではこれらの取引も含めて，銀行取引が発生したら仕訳案を会計システムが提示して，それを修正・確認した上で記帳となるような機能を搭載しているものもある。

ここで留意してもらいたいのは，財務操作と経理記帳は職務分離すべきというガバナンスの基本である。例えば，インターネットバンキング操作を担当している従業員は会計システムの仕訳確認はしない，逆に，会計システムから支払データをインターネットバンキングにアップロードする従業員はインターネットバンキング操作（支払承認など）はしない，などの職務分離は，あえて意識したい。

DX化は，新技術であらゆるシステムを連携できるが，ガバナンス上適切かについて判断した上で，業務担当従業員を割り振りたい。

2 電子帳簿保存法で推進させるDX化

電子帳簿保存法は，DX化対応への法律であり，これを利用してDX化を推進したい。

(1) 電子データ保存の義務化

現在の電子帳簿保存法では，電子データを紙に出力して保存することは認められておらず，電子データそのもので保存することが義務付けられている。この義務化の意図は，電子データが「原本」であり，原本を保存するべきであるということである。つまり，電子データを出力したものは「コピー」ということなのである。この定義変更は大きい。というより，DX化の根本と認識しなければならない。なぜならば，「原本」と「コピー」が異なる可能性を示唆しているからである。

「原本」と「コピー」が異なる可能性は簡単に想像できるであろう。例えば，原本を出力して，いわゆる図工のように金額や日付などを上から貼り付けて，

それをまたコピーするというように，コピー機があれば改ざんは容易である。特に請求書などPDFなどの文字はシステム文字であり，金額や日付などは簡単に改ざん生成が可能である。

　これらの電子データ保存義務化を達成するためには，基幹業務システムや会計システムなど，取引入力する画面に「ファイル添付」機能が搭載されていれば，それを利用するのが最も容易である。この機能は，今回の電子帳簿保存法対応のために追加されたものではなく，多くは標準として当初から搭載されている。ただ，入力する際に，電子データを添付するという操作が追加され，入力工数としてはひと手間増加することもあり，今までは紙出力およびファイリング保存をしている企業も多かった。PDFを紙で出力せず，システムにファイル添付することができれば，紙出力も必要なく，ファイリングも不要である。また，後で当該取引を承認する際にも，例えば物理的に事業所で出力した紙を見ながら承認したりする必要もないため，業務そのものを効率化できる。

　まさに，この電子データ保存義務化はDX化を大きく推進するものである。もちろん，場合によってはビジネス事業部門などにもシステムへのデータ添付操作を依頼しなければならないが，そのときの大義名分は，電子データが「原本」であり，紙出力はあくまで「コピー」という電子帳簿保存法の定義である。

(2)　電子帳簿保存法対応の効果

　電子帳簿保存法はDX化の推進になることは間違いないが，ペーパーレスが中心であるので，業務効率化としての効果は限定的である。つまり，紙での手続の替わりに「スキャン」，「アップロード・格納」，「回覧・ファイリング」という手続が発生するため，業務工数への影響はあまりないかもしれない。むしろ，場合によっては増加してしまうこともある。ただし，ペーパーレス化を進めれば出社を要しないため，テレワークは推進できる。これを効率的と考えるならば，大きな変革になろう。

　テレワークを推進するならば，従業員が業務を効率的・効果的に行うよう自ら考える姿勢が必要となる。逆にいえば，テレワークを推進するためにはDX化が不可避であり，高い結果を出すためにいかに効率的・効果的な行動を取れるかという姿勢が肝要となる。場合によっては，DX化の成功の鍵を握る大き

第2章　既存業務の効率化　29

な要素であるといっても過言ではない。逆に，これができないからDX化が推進できないという皮肉な見方もある。

(3)　DX化におけるガバナンスの参考になる 法改正前の「適正事務処理要件」

2022年改正前の電子帳簿保存法には，適正事務処理要件というものがあった。これは，電子帳簿保存法の適用をする際に必要な事務処理要件として，「適正な実施を確保するために必要な体制及び手続に関する規程」（改正前電子帳簿保存法施行規則第3条第5項第4号）に規定されるものであり，概要は以下のとおりである。

---

① 相互けんせい

各事務に関する職責をそれぞれ別の者にさせるなど，明確な事務分掌の下に相互にけんせいが機能する事務処理の体制がとられていることが必要。

② 定期的なチェック

事務処理手続の定期的な（最低限1年に1回以上）検査を行う体制が必要。

③ 再発防止策

検査等を通じて問題点が把握された場合に，経営者を含む幹部に不備の内容がすみやかに報告されるとともに，原因究明や改善策の検討，必要に応じて手続規程等の見直しがなされる体制が必要。

下記にそれぞれの具体的な施策を挙げてみる。

①　相互牽制

これは「相互に関連する各事務について，それぞれ別の者が行う体制」である。スキャナによる読取り前の紙段階で行われる改ざん等の不正を防ぐ観点から，事務担当者間でチェック機能を働かせる仕組み（担保措置）のことを示している。つまり，スキャンする人と記帳や支払などの事務処理を行う担当者を同じ

にしてはならないということである。いわゆる職務分離の要件を示している。

　DX化においては、原本をスキャンして電子ファイル化して、それを自身で経理処理してしまい、さらに原本を廃棄すると、真正性が確保できない。なお、原本が紙であってもPDFのような電子ファイルであっても、原本そのものの真実性を維持するための内部統制は重要となる。

　改正前電子帳簿保存法の「電子帳簿保存法一問一答【スキャン保存関係】（令和2年6月）」（以下「一問一答」という）においては、上記の事例として、下記が挙げられているので参考にしたい。

（相互牽制事例1）
　当社は、代表取締役とその妻が経理部長を務め、2人で製品製造販売を営んでいる同族法人で、適正事務処理要件を満たすための規程は、どのように整備すべきか。
【回答】
　規則第3条第5項第4号に規定する、いわゆる、「適正事務処理要件」については、スキャナによる読み取り前の紙段階で行われる改ざん等の不正を防ぐ観点から必要な措置として要件とされたものです。（中略）
　事業規模、書類の管理状況、別な規程の存在など（以下「事業規模等」といいます。）により、異なることとなりますが、質問のケースの規程は、例えば、次のようなものが考えられます。
　なお、適正事務処理要件を満たすため社内規程等をどこまで整備するのかについては、事業規模等を踏まえ、「改ざん等の不正を防ぐ」ことができるのかについて、判断する必要があることに留意してください。
【適正事務処理規程条文例】
第X条（相互牽制）
　スキャニング等に伴うミスや不正を未然に防止する観点から、特定の者に業務が集中することを回避し、XXにおける相互に関連する各事務について、それぞれ別の者が行うことなど明確な事務分掌の下に、相互けんせいが機能する事務処理の体制を別添の事務分掌細則により整備する。なお、

当業務を行うための体制は次表のとおりとする。

部門名	役割名称	役職	事務分掌及びその権限
営業部	営業責任者	代表取締役	取引の承認に係る責任を持ち，取引先等の契約に係る承認の権限等を有する。
経理部	経理責任者	経理部長	取引の内容を確認し，適正な会計処理及び書類の管理を行う権限等を有する。 会計処理，書類の保存などの実務を行う。

（相互牽制事例２）

　２人で事業を営んでいる個人事業者の場合，「各事務について，それぞれ別の者が行う体制」とは，具体的にどのように体制を整備すればよいか。

【回答】

　「各事務について，それぞれ別の者が行う体制」は，紙段階で行われる改ざん等を防止することができるよう，相互けんせいが機能する事務処理の体制とする必要があります。例えば，２人でけんせいを機能させる体制としては，次のような体制が考えられます。

① 「受領等する事務」と「紙段階で改ざんが行われていないか確認し入力する事務」を別々の者が行う体制

② 受領者等がスキャニングを行い，受領者等以外の者が全件について同等確認（電磁的記録の記録事項と書面の記載事項とを比較し，同等であることを確認（紙段階及び電磁的記録上で改ざんが行われていないか確認）することをいいます。以下同じです。）する体制

③ 受領者等が署名の上スキャニングしタイムスタンプを付した後，受領者等以外の者が電磁的記録の記録事項の確認（必要に応じて同等確認し紙段階及び電磁的記録上で改ざんが行われていないか確認）を行う体制

	A	B
①	受領等	改ざんチェック（方法は任意），スキャン，タイムスタンプ
②	受領等，スキャン	改ざんチェック（全件について同等確認），タイムスタンプ

③	受領等，署名，スキャン，タイムスタンプ	改ざんチェック（必要に応じて同等確認）

（注）　タイムスタンプを付す時期については，それぞれ次のとおりとなります。
　　①　Bがスキャンし，正しく読み取れたか確認した都度
　　②　Bが同等確認した都度（Aがスキャンした際に付すことでも可）
　　③　Aが受領等後おおむね3営業日以内

出典：「電子帳簿保存法一問一答【スキャン保存関係】（令和2年6月）」を筆者が一部加筆修正

②　定期的なチェック

　これは，電子帳簿保存法に定められている事務処理要件が適正に実施されているか，定期的な（最低限1年に1回以上）検査を行う体制とその検査手続の実施を指す。企業における業務でいえば，内部監査業務に当たるであろう。具体的な内部監査手続としては，いわゆる「原本」（紙やPDFなどの電子ファイルを含む）と，スキャンまたはコピーされた電子ファイルとを照合すること，また電子ファイル化する手続に関する内部統制の整備・運用状況を確認することであろう。

　まず，スキャンまたはコピーされた電子ファイルと照合する手続は，試査（サンプルベース）によって通常行われることが想定される。また，範囲や期間については，「重要な事業所等（本店を含む。）については1年に1回以上の検査を行い，おおむね5年のうちにその他全ての事業所等で検査が行われていれば，同様な取扱いをすることが合理的」と一問一答に例示があり，こちらが具体的な内部監査を実施する手続として参考になる。さらには，当検査終了後は，原本を廃棄することができるとしている。

　また，スキャンやPDF化など電子ファイル化する手続に関する内部統制の整備・運用状況については，下記が留意すべき点となろう。

- スキャン・PDF化業務手続：担当者によるスマートフォンやコピー機などを用いたスキャン・PDF化の操作および確認手続，およびシステムなどから請求書等がPDF自動発行および取引先への電子メール送信

などの業務手続が適切に整備・運用されているかを確認する。

- 電子ファイルが改ざんされないような予防統制：システムなどに保存された電子ファイルが改ざんされないようなアクセス制限（IT統制）が，保存されているシステムまたは保存フォルダやファイル自身に対して適切に機能しているかを確認する。
- 改ざんされた場合の発見統制：ファイルの更新履歴（日時，利用者情報など）が付される機能があれば，改ざんされた場合には発見できる。ただし，通常の業務操作からは，ファイル更新履歴を確認したり，その異常を発見することが難しい。よって，場合によっては特別な検知ツールなどを用いたり，やはり内部監査などによる予防統制に期待したい。

実は，公認会計士の職業倫理でも「オートメーションバイアス」（システムで処理されたものは常に正しいという先入観）が紹介されており，このバイアスが公正な処理を阻害する要因となりうる，としている。経理財務部門には，リスクマネジメントとガバナンスを実行する部隊として，電子ファイルは紙よりも改ざんされやすく，改ざんの発見も難しいという事実を認識して，その対策を行う役割を期待したい。

③ 再発防止策

再発防止の具体策としては，問題点が把握された場合に，不備の内容がすみやかに報告されるとともに，原因究明や改善策の検討，必要に応じて手続規程等の見直しがなされる体制がとられていることが要件である。これは，スキャンや電子ファイル操作といった日常の業務における不備だからといって，問題の原因分析や改善対応をおろそかにしたり先延ばしにしたりするのではなく，重要な問題として経営層にも報告し，迅速な改善対応をすることを要求したものである。

その理由としては，DX化した場合には，業務がブラックボックス化しやすく，問題の本質的な原因や分析をすると根が深い場合が多く，さらにデジタル機器やシステムは，問題が解決しなければ同じ問題が際限なく発生してしまう

という特性があり，都度解決しなければ問題がさらに拡大してしまうことが懸念されることにある。

　また，デジタル機器やシステムに関わる不備（バグなど）は，場合によっては意図的な不正だったり，不正アクセスが原因であったりする場合もあり，迅速な対応が取られなければ事業そのものにも大きな影響を及ぼすような危機に陥る可能性がある。現に，最近ではサイバー攻撃が頻発しており，電子ファイルやアプリケーションソフトウェアからウイルス感染することによって，全社にウイルス感染したり，その解除のために身代金を要求したりするランサムウェアのような攻撃もあるため，このような危機管理としても大変重要となる。

　問題発生時の再発防止体制の整備と適切な運用は，電子帳簿に関わる業務だけではなく，DX化していく上で必要な体制であることを認識したい。

(4)　電子帳簿保存法と会計監査

　会計監査においても，電子帳簿保存法は無関係ではない。むしろ，大きな影響を受けることになる。監査証跡をどのように追跡するか，また監査証跡は「原本」と照合することが最も証拠能力が強いが，スキャンされた画像やPDFファイルされた帳票が多くなると，何が「原本」と定義できるか，など課題も多い。これらをまとめたのが，日本公認会計士協会から公表された監査基準報告書500実務指針第1号「イメージ文書により入手する監査証拠に関する実務指針」（2022年10月13日）である。

　この実務指針では，監査人が，DX化がますます進む社会環境の動向を理解した上で，企業内外の記録や取引等に関して，書面による監査証拠のみならず，電子データによる監査証拠に対応した監査手続を実施していくことや，企業が電子データの真正性を確保するための内部統制についても，適切に整備および運用されていることを確認することを求めている。その具体的な事例が，実務指針で下記のとおり示されている（**図表2－1－5参照**）。

取引タイプ①　紙媒体で取引先等外部から郵送されて，自社でスキャン，PDFにする場合

　この場合には，紙媒体による書面が原本となる。それを，自社でスマートフォ

ンやコピー機でスキャンする手続が内部統制対象となる。この取引は，社内で電子データとするだけであり，DX化としては最も簡易的なものとなる。なお，この場合の内部統制については，真正性を確保できる手続で内部統制を担保したい。

取引タイプ②　取引先等により電子データ化される場合

（具体例）
- 外部で紙媒体に出力した後にスキャンして，自社にPDF添付などでメールされる場合
- 取引先等外部でシステムから直接電子データ（PDFやXMLなど）として自社にメールされる場合
- 取引先等外部から，自社が直接ダウンロードする場合

　これは，取引先等外部で出力された電子データを原本とみなす。原本が取引先等外部にあるので，監査証拠として最も強いのは，取引先等外部で作成された電子データとなる。そうなると，監査人は原則として，取引先等外部に，当該電子データを要求する，または電子データ作成プロセスの内部統制を評価することになるが，当実務指針では必ずしもこれを監査人に要求するものではないとしている。特に理論的な理由の記載はないが，これは実務上困難であることだと推測する。

取引タイプ③　取引先等外部のシステムから，自社が電子データとして出力する場合

　この場合には，自社が出力した電子データを原本とみなす。これは，自社が取引先等外部のシステムにアクセスすることになるので，内部統制の視点で考えると，取引先等外部のシステムについての内部統制は関係なく，原本の電子データから先の業務プロセスが対象となる。

　なお，電子データ化された文書が有するリスクとしては，改ざんや漏洩，ソフトウェアの非互換による読込み不能などがある。経理財務部門としては，これらのリスクを社内共有し，そのための内部統制を再検討するよう誘導したい。

図表2-1-5　取引タイプと会計監査

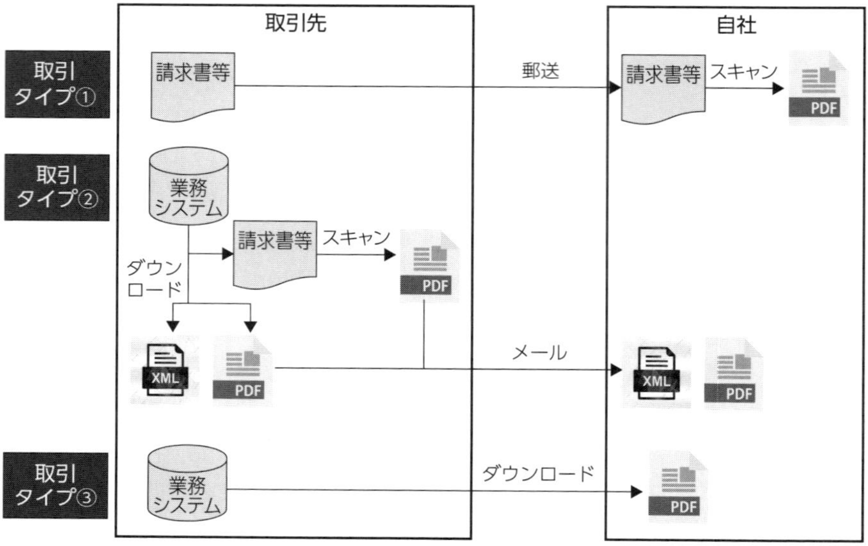

出典：監査基準報告書500実務指針第1号「イメージ文書により入手する監査証拠に関する実務指針」
を参考に筆者加工

3　変革への挑戦（チェンジマネジメント）

本節冒頭でも述べたように，DXとはDigital Transformationの略であり，日本語訳すればデジタル変革となる。つまり，変化と改革を進めることになるが，ここで最も壁となるのは，実はヒトである。筆者は，DX化に関して相談や助言などを行うこともあるが，多くの企業が簡単ではないと言う。特に，歴史がある企業ほど難しいと言うことが多い。

(1)　日本はDX化が遅れているわけではない

日系企業はDX化が遅れているといわれることがあるが，そういうわけではない。例えば，レストランの業務プロセスを見てみる。特に最近のファミリーレストランなどでは，整理券発券機から整理券を取り，その整理券番号が座席

案内ボードに掲示され，自分で指定された席に座り，テーブルに置いてあるタブレットで注文をして，配膳ロボットが注文した食事を運び，食事が終わったら支払カウンターで整理券番号を入力して，自動精算機（セルフレジ）で支払を済ます，といったことが普通になりつつある。ほとんどヒトが関わらない業務プロセスとなっており，かなりのDX化が進んでいる（もちろん，高級料理店はこの限りではない）。

　一方，米国では店員にチップを払う習慣があり，この業務に付加価値を付けてサービスを提供している文化があるので，このような自動業務になっておらず，あくまでヒトが手動で注文を受けて，ヒトが配膳をする。そのサービスにヒトは価値を感じ，お金（チップ）を支払うのである。

　この事例が示すのは，自動処理化が進むのは，そこにヒトのサービスを期待しない部分，言い換えれば，ヒトがその価値を重視しておらず，ヒト以外がやっても特に価値の低下と感じないところだということである。

⑵　DX化は「できる人」の定義を変える

　これを企業の業務プロセスに当てはめてみる。米国企業では，一般的にいわゆるジョブ型という仕事の進め方をする。これは，業務の役割と責任，業務担当を明確に決めて，仕事を進めるといった方式である。これに対して日系企業の仕事は，一般的にメンバーシップ型といわれ，業務の役割と責任，業務担当などは明確に決めず，「できるヒトがやる」といった方式である。この場合におけるDX化前の「できるヒト」は，業務を迅速にこなし，同僚の仕事を支援するような柔軟性を持ち，あらゆる例外処理に対応できる応用性を持った人材であった。逆のいい方をすると，企業にとっては，同じ賃金でも多くの業務をこなしてもらえる都合のいい人材であり，また本人もそこにプライドをもって仕事をしていた。

　ここにDXを入れようとすると，ヒトの「迅速性」，「正確性」，「柔軟性」，「応用性」はいったんご破算になる。つまり，「できる人」の定義が変わるのである。例えば，ヒトの「迅速性」と「正確性」は明らかにデジタルにはかなわない。入力作業や事務処理を迅速かつ正確に行えるスキルは，DX化により意味を失う。それに対して，「柔軟性」と「応用性」はデジタルが不得意な分野である

ため，業務プロセスがDX化しても，ヒトが担当しなければならない。つまり，「柔軟性」と「応用性」のスキルが高い人が「できる人」となるのである。

DX化が進むと，ヒトには例外的かつ応用的な難しい処理だけが割り振られることになる。つまり，「迅速性」と「正確性」は「できるヒト」のスキル評価に含まれないことになる。特に従来の経理財務部門では，「迅速性」・「正確性」スキルが重視されてきたが，今後は「柔軟性」と「応用性」，さらには「創造性」というスキルを重要視しなければならないかもしれない。

まじめにコツコツと業務処理をこなす，といった業務から「柔軟性」，「応用性」，「創造性」に富んだ部門への変革，これこそ経理財務部門の挑戦かもしれない。

(3)　チェンジマネジメントスキルを身につけよう

そもそも，ヒトには急激な変化を好まないという本能がある。しかしながら，多くの企業は昨今，グローバル化やテクノロジーの進化，顧客ニーズの多様化，新型コロナウイルス感染症によるパンデミックなど様々な変化により，変革を余儀なくされており，そのような変化への適応力を高め，組織変革を成功に導いていかなければならない。その手法は，チェンジマネジメントと呼ばれる。

チェンジマネジメントとは，組織を「現状」から「目指す状態」へと移行させ，期待する成果を達成するための変革推進手法である。体系的なアプローチを通じて，変革による混乱や変革への抵抗を最小限に抑え，変革の影響を受ける人々が，いち早く新しい状態に適応できるように，組織を主導する。日本ではあまり聞き慣れない言葉だが，欧米では組織変革の標準的手法であり，MBAの必須科目として世界有数のリーダーが，このスキルを保持している。だからこそ，これらのリーダーがいる国際企業が，企業価値を創造すべく経営を行っているといえる。なお，オーストラリアでは，チェンジマネジメント協会（Change Management Institute）ができるほど，チェンジマネジメントスキルは変革に欠かせない経営技術とみなされている。

日本においては，多くのマネジメントが，このチェンジマネジメントを学習せずに変革にチャレンジするのだから，それは無謀というほかない。マネジメントは技術であり，OJTで学ぶのも限界がある。理論を学んだ上で実務の中で

応用するのであればまだよいが，ただ自分の実務経験だけで組織に変革を起こすことは難しい。ひと昔前までは，終身雇用で部下は年下，自分が言ったことはすべて部下が何も言わずにそのまま動く，もし動かなければ怒って動かせばよい，という時代であったが，今ではこれをやるとパワハラとなろう。

組織を動かしたいのであれば，まずその理論を学び，部下に丁寧な説明をして動機付けを行わなければ，組織は動かない。特に経営層や管理職は，マネジメントの1つの基礎知識であるチェンジマネジメントをしっかり学習してDX化に望みたい。

第2節 AIの利活用

近年は，AI（Artificial Intelligence，人工知能）といえば生成AI（Generative AI）であるが，経理財務部門は事務請負部門から脱却しなければ，この生成AIに駆逐されることになる。ちなみに，生成AIであるCopilot（マイクロソフト社）に「生成AIは経理財務部門のどのような業務に貢献しますか？」と聞いたところ（2024年7月），下記のような回答が返ってきた。

生成AI（ジェネレーティブAI）は，経理財務部門において以下のような業務に貢献できます。

1．文章要約・生成：
生成AIは，自然言語処理能力を活かして，膨大なデータから適切な文章を生成できます。例えば，報告書の要約やドラフト作成に活用できます。

2．コミュニケーション：
生成AIは，自然な文章を生成できるため，メールの返信や顧客対応などのコミュニケーション業務で効果的です。

3．分析・モニタリング：

生成AIは大量のデータからパターンを抽出できるため、財務データの分析や異常検出に活用できます。
　4．処理の自動化：
生成AIを用いて、請求書の読み取りやデータ入力などの繰り返し作業を自動化できます。
　5．予測：
生成AIは過去のデータから予測モデルを構築できるため、収益予測や予算策定に役立ちます。

生成AIを経理業務に取り入れることで、効率化や精度向上が期待できます。また、経理職の役割も戦略的な判断や洞察にシフトし、クリエイティブな仕事に変革できるでしょう。

1 生成AIを使う前に

　生成AIの利活用で、ますます業務効率化が図られることはいうまでもない。使ったことがない方はぜひ使ってもらいたい。ただ、経理財務業務として使う場合には、機密情報の取扱いなどに留意する必要がある。現在、特にインターネット上で公開されているAI（ChatGPTやCopilotなど）を利用する場合に、下記の点に留意する必要がある。

(1)　入力に際して留意すべき事項

　生成AIに入力（送信）するデータは多種多様なものが含まれるが、知的財産権、法規制の遵守という観点からは、特に注意が必要となる。

- 個人情報
　当然ではあるが、個人情報は悪用された場合に、犯罪や迷惑行為などを引き起こす可能性があるため、個人情報の公開AIへの入力は行うべ

きではない。

● 守秘義務情報

　秘密保持契約などを締結している場合における秘密情報は，生成AIという「第三者」に秘密情報を「開示」することになるため，守秘義務契約に違反する。

● 自組織の機密情報

　自組織の取引先，商品情報，技術情報などは，公開AIの処理内容によって外部へ流出したり法律上保護されなくなったりしてしまうリスクがある。

● 第三者が著作権を有しているデータ（ロゴやデザイン，記事等）

　単に公開AIに商標・意匠として登録されている著作物を入力するだけで著作権侵害した例は，現状では認識されていないが，公開AIによって生成された生成物の利用が当該著作物の著作権侵害になる可能性があるので，留意が必要である。

(2)　生成物の利用に際して留意すべき事項

①　過度な生成AI依存

　経理財務部門は，専門的な知識を要する業務が多く，生成AIは情報生成の迅速なツールとして役立つものの，その生成物を過度に依存・信頼すると，場合によっては誤った判断を導くおそれがある。生成AIは，あくまで補助的な利用とし，最終的には自身の知識による判断が必須であることを忘れてはならない。

②　生成物の内容に虚偽が含まれている可能性

　生成AIの原理は，「ある単語の次に用いられる可能性が確率的に最も高い単語」を出力することで，もっともらしい文章を作成していくものである。書かれている内容には虚偽が含まれる可能性があることを認識し，その生成物の内容を盲信せず，必ず根拠や裏付けを自ら確認するようにする。

③ 生成物の権利侵害のリスク

生成AIを利用する際，著作権，商標権，意匠権，個人情報が含まれている可能性がある。例えば，既存の著作物や，生成物の画像やキャッチコピーと類似している場合，生成物の公開や配布は著作権侵害となる可能性がある。また，生成AIが虚偽の個人情報を生成する場合があり，このような情報の公開や配布は，名誉毀損など法的に問題となる可能性がある。

④ 生成AIの利用規約

例えば，生成AIを違法行為に利用することは禁止されている。嫌がらせ，暴力的なコンテンツを生成することは認められていない。また，生成AIを使用して税務助言を提供することは，税理士法違反となる可能性があるので，税理士による確認をしない状態での助言行為は禁止されている。

2 （生成）AIの活用例

近年は，（生成）AIの活用が急速に進んできている。消費者向けのものではすでにAIを利用した機能が身の回りに増えてきている。企業内でも，例えば，AI技術で大量のデータ（ビッグデータ）を分析し，将来の消費者ニーズや市場予測などを行うAI予測を活用する企業が，近年増えている。その背景にあるのは，マーケティング技術の向上によるデータ分析と，その分析結果による企業が行った活動の結果に対する成功確率の向上，AI技術の使い勝手の向上である。

AI予測とは，大量のデータから精度の高い様々な予測分析が行えるAI技術を指す。例えば，市場動向，過去の実績，現在の経営資源などのデータを分析し，将来の企業行動の指標となるデータや方向性などが提供される。AI予測では，アルゴリズムと呼ばれる分析の手順・ルールに従ってデータ処理を行う。アルゴリズム（ある問題に対して，正解を引き出すための一定の手続または思考方法）には多くのパターンがあり，多様な分析を行うことが可能である。

それでは，経理財務部門ではこのAI予測をどのように活用できるか。

(1) 将来キャッシュフロー（事業計画や予算を含む）の策定

　AI予測はいわゆる「予測」機能なので，将来キャッシュフローを含む事業計画や予算策定などに活用できる。AI予測では，ネットに広がるビッグデータ，自社の過去実績や経営資源情報，顧客属性，市場動向など多数のデータを収集し，将来の事業計画や予算などを予測することが可能である。さらにAI予測では，分析結果に対し実績をAIに学習させることで，予測精度が向上する。

　ただし，AI予測をそのまま事業計画や予算に利用することは危険である。AIに読み込ませるデータが偏った情報だったり，意図的に不正データを読み込ませるなどにより，不適切なデータ分析結果となる可能性があるからである。よって，AI予測によるデータ分析結果については，まずは「原案」（ドラフト）としておき，別途確認・検討を行い，変更する場合には何を変えたのか，なぜ変えたのか，などの説明を加えた上で，あくまでビジネス部門責任者の承認を得たものを最終化することが望ましい。なお，導入初年度は，通常のシステム導入と同じく，従来方式（AI予測を使わない）とAI予測方式を並行稼働させ，AI予測原案と実績との比較も行うとよい。予測と実績との差異をAI予測に学習させることで，さらに精緻なAI予測にしていくことができる。これにより，経営陣としては非現実的・非合理的な数値からは解放され，経営資源の適切配分により，さらに高い成功可能性のある意思決定を行うことができる。

　経理財務部門においては，将来キャッシュフロー情報は，のれんや固定資産の評価の際に使う非常に重要なデータであり，会計処理の基礎データとなる。よって，これらのデータにおける客観性を担保できるよう，特に会計監査を受ける場合には，監査法人にも合理的な説明ができるよう留意しなければならない。くれぐれも「AIが自動的に生成したデータであるから，客観性が高い」などという無責任な説明はしないようにしたい。

(2) 財務・非財務統合の企業価値シミュレーション

① AIによる適切な結果を得るための十分な準備

　AI予測を使って意思決定をするためのデータや資料を作成すると，AIが客観性の高いアルゴリズムに従って予測分析をするため，根拠のない調整や人的

ミスなどがなくなる。そのため，精度の高い予測に基づく意思決定をすることができるようになる。一般的な予測分析では，担当者の経験や勘に依存する部分が大きく，集計誤りなどの人為的ミスが発生する可能性もあり精度も安定しない。データを正確に反映し明確な根拠に基づいて規則性を見つけ出すAI予測であれば，予測精度低下の心配なく安心して利用可能である。

　ただし，精度の高い分析結果を得るには注意点もある。それは，AIの分析結果に客観性を持たせるためには，より大量のデータを読み込ませる必要があることと，それらを学習させ適切に利用するためには，そのための時間と手間がかかるということである。

　AI予測の正確性や客観性は学習させるデータ量に比例するため，予測分析の精度を上げるには，データをできる限り多く準備する必要がある。もし，学習させるデータが少なければ，AI予測の精度も低下してしまうことになる。また，AI予測の正確さはデータの状態とAIの学習状況にも左右されるため，予測分析結果の精度を上げようとすると，データの整備とAIの調整に時間を要する。よって，AI予測の分析結果の精度を上げるためには，学習させるデータのフォーマットを合わせたり，入力や表記誤りをなくすなどの留意が必要である。また，AIに対しても分析予測に対する実績を学習させたりするなど，最適なアルゴリズムになるように調整する必要もある。

　また，AI予測は，あらゆる変数によるシミュレーションを可能にする。上述したように，事業計画や予算などにAI予測が活用できるように，意思決定シミュレーションにも活用できる。経営の意思決定は，数学のように正解が1つではなく，またいくつかの選択肢がある場合には，どれも誤りということでもない。いわゆる最適解を選択していくものである。しかしながら，最適解という定義も難しい。売上や利益などの財務的要素が最大化することがすべてではない。それにより，例えば非財務項目数値であるCO_2排出量や人的資源などが下落してしまったとしたら，企業価値全体として芳しくないかもしれない。

②　AIで企業価値の算定をするには

　このように，現代の意思決定は単純なものではなく，投入する経営資源や社会環境と出力される企業価値は多様化している。これらを上手に表しているの

が，統合報告フレームワークである価値創造プロセス（オクトパスモデル）である（**図表２－２－１**参照）。

図表２－２－１　価値創造プロセス

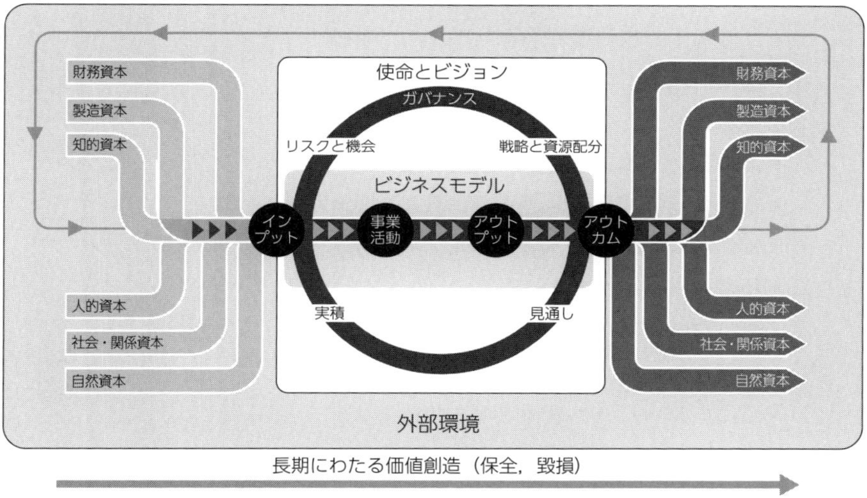

財務資本
製造資本
知的資本

使命とビジョン
ガバナンス
リスクと機会　　　戦略と資源配分
ビジネスモデル
インプット　　事業活動　　アウトプット　　アウトカム
実績　　　　　見通し

財務資本
製造資本
知的資本

人的資本
社会・関係資本
自然資本

人的資本
社会・関係資本
自然資本

外部環境

長期にわたる価値創造（保全，毀損）

出典：IIRC「国際統合報告フレームワーク日本語版」

　価値創造プロセスがこのように複雑化していることで，従来の財務的要素中心であった意思決定では，そのまま企業価値向上につながらなくなってきている。よって，意思決定シミュレーションにAI予測を利用する場合，この価値創造プロセスを参考にするとよい。AI予測に読ませるデータ入力項目と分析結果項目は，下記のように具体的に設定する。

【AI予測による企業価値算定の設定事例】
①　データ入力項目
　ａ．経営資源
　　•財務資本（現預金，借入金，資本など）

- 製造資本（有形固定資産稼働など）
- 知的資本（技術，ノウハウなど）
- 人的資本（労働力など）
- 社会関係資本（電気・ガス・水道などのインフラ資源，信頼・ネットワーク価値などの社会資源）
- 自然資本（自然資源など）

b．外部環境
- 業界動向
- 市場動向（金融，資源，人材など）
- 社会動向（社会における価値評価など）

c．ビジネスモデル
- 顧客・クライアント
- 商品やサービス
- 商流
- 商品やサービスの価値を生み出せる要素

② 分析結果
- 財務資本（売上，利益，現預金など）
- 製造資本（有形固定資産の維持費用など）
- 知的資本（技術，ノウハウなど）
- 人的資本（経験，キャリアなど）
- 社会関係資本（利便性，健康社会，相互信頼など）
- 自然資本（CO_2排出量，環境への影響，気候変動リスクなど）

このような設定をした上で，意思決定しようとする変数を組み込んで，意思決定シミュレーションを行うのである。分析結果項目も何を優先とするか検討し，最適解を選択することになる。

なお，上記は理論上このようなシミュレーションを行うことは可能であるが，このようなAI予測機能を作ることは容易ではない。ただ，今後の企業価値向上を図る上では，経理財務部門として，現状行っている財務的要素だけで意思

決定を行ったり，サステナビリティ投資のリターンが定性的過ぎることについて解決をしなければならないであろう。もし，投資が金銭で，リターンが定性的な事象だけで金銭に結び付かなければ，いつかは破綻してしまう。リターンをできるだけ経済的価値，できれば金銭として換算することは，企業にとって大きな課題であり，経理財務部門の役割であろう。

(3)　会計監査におけるAIの利用

　近年は，特に大手監査法人を中心に，AIを会計監査に用いることが積極的に進められている。会計監査を効率的かつ効果的に進めるとともに，大規模化・複雑化した企業活動における幅広い範囲で異常な取引を検知し，これによ

図表2－2－2　伝統的監査と継続的監査

伝統的監査	継続的監査
1．頻度 ●定期的	1．頻度 ●継続的または高頻度
2．アプローチ ●受動的	2．アプローチ ●能動的
3．手続 ●手動	3．手続 ●自動
4．監査人の業務と役割 ●作業の大部分は労働時間の大きい監査手順に集中している ●内部監査人と外部監査人の独立した役割	4．監査人の業務と役割 ●例外処理と人間の判断を必要とする監査手順に集中 ●外部監査人の役割が継続的監査システムの認証
5．性質，タイミング，範囲 ●テストは分析的なレビュー手順と実質的な詳細テストで構成（性質） ●内部統制テストと詳細テストは独立して実行（タイミング） ●サンプリングテスト（範囲）	5．性質，タイミング，範囲 ●テストは継続的なコントロール監視とデータ保証で構成（性質） ●コントロール監視と詳細テストを同時に実施（タイミング） ●テストは全体を考慮（範囲）
6．テスト ●人がテスト実行	6．テスト ●データモデリングとデータ分析はモニタリングとテストに使用
7．報告 ●定例的	7．報告 ●継続的または高頻度

出典：市原直通「AIを活用したContinuous Auditing（継続的監査）で不正会計は見抜けるか」『情報センサー』（EY新日本有限責任監査法人）をもとに筆者加工

り不正事象の迅速な発見につながると考えられている。

　AIの会計監査への利用は，継続的監査（Continuous Auditing）という手法の中で取り入れられている。

　継続的監査と伝統的監査には，いくつかの重要な違いがある。

継続的監査の特徴

- リアルタイム性：継続的監査は，データをリアルタイムまたは短期間で分析し，異常を即座に検知し，問題が発生した際に迅速に対応できる。
- 自動化：データ分析や異常検知のプロセスが自動化されており，監査人は異常の調査に集中できる。
- 頻度：継続的にデータを監視するため，監査が日常的に行われる。
- 技術依存：高度なITインフラやデータ分析ツールが必要である。

伝統的監査の特徴

- 定期性：伝統的監査は通常，年次や四半期ごとに行われ，過去のデータをもとに分析する。
- 手動プロセス：多くのプロセスが手動で行われ，監査人が直接データを確認する。
- サンプルベース：データの一部をサンプルとして抽出し，そのテスト結果から全体の適切性を推測する。
- 時間の遅れ：データの収集と分析に時間がかかるため，問題の発見が遅れることがある。

　継続的監査では，取引レベルで異常が継続的に検知されることにより，適時にリスクを把握でき，またAIを活用することにより，人間の行う業務をより異常事象の調査に集中させることができるようになる。経理財務部門では，従来はこのような監査的手法を用いてこなかったかもしれない。しかし，業務システムと会計システムのデータ連携が進み，例えば売上，売掛金，売上原価，棚卸資産などは，いわゆる上流システム（販売管理，在庫管理など）から自動

仕訳として会計システムに転記される中では，このような自動仕訳を黙って見過ごすのではなく，継続的監査的な手法などを用いてガバナンス業務を推進したい。

第3節 Web3.0

Web3.0も最近よく聞く言葉であろう。Web3.0とは，「ブロックチェーンが支えるインターネット上の新しい世界観」といわれている。現在，ITの世界では，例えばマイクロソフト，グーグル，アップルなどは，OSや検索システムなど，インターネット基盤をほぼ寡占状態で提供している。利用者にとってみれば，全世界が同じ共通基盤を使うことで便利になっている一方，特定の基盤運営者に依存状態となっていることが，個人志向データの情報漏洩などのリスクにもなっている。こうしたIT業界における基盤運営事業者の巨人たちによって作り上げられた中央集権的なインターネットの構図を変革しうるポテンシャルを持つものが，Web3.0と総称されている。

Web3.0では，特定のネット基盤（プラットフォーム）を利用して行っていたネット活動を，「トークン」という媒介を利用して行うことで，トークンを軸に自律的に回る経済圏や組織構造を作ることが可能となり，さらにはそのトークンが企業価値に大きく影響を及ぼす可能性がある。例えば，NFT（非代替性トークン）の無形資産への影響と，ブロックチェーン技術による金融取引（決済）の変革である。

1 Web3.0の現状

2022年6月に閣議決定された「経済財政運営と改革の基本方針2022」（通称：骨太方針2022）において「Web3.0の推進に向けた環境整備」が明記され，Web3.0という，ブロックチェーンをベースとした新しい概念に注力していくことが，国の方針として掲げられた。インターネット以来の発明とまでいわれ

るブロックチェーン技術であるが，例えば暗号資産のように，今までの法定通貨とは異なる新たな交換手段（価値）が抱える安全性の問題（実際に数百億円が被害に遭った盗難事件も発生した）や，暗号資産取引所の経営破綻などがあり，少なからず経済社会の中において適切な取扱いを進める必要があった。

　そこで，2022年10月にはデジタル庁が「Web3.0研究会」を立ち上げたり，同年11月には日本経済団体連合会（経団連）が「web 3 推進戦略」を発表する等，経済社会における活動が活発になってきている。さらに，Web3.0関連事業に進出する企業や多くのスタートアップが誕生するなど，ビジネスにおいても大きなインパクトが起こり始めている。

2 NFTなどの無形資産価値に敏感になる

　ブロックチェーンを使ったデジタル資産としてよく聞くのが，NFT（Non-fungible Token：非代替性トークン）であろう。その走りは，2021年，あるデジタルアートがオークションにて約75億円もの金額で落札されたことである。これまでデジタルデータはコピーが容易であることから，デジタルアートそのものにも大きな価値がつくことはなかったが，ブロックチェーンを活用したNFTという技術により，デジタルデータに唯一性を与えることができ，その結果，デジタルデータに希少性という概念が生まれ，自身のアートを販売したい人と希少なアートを求める人による，信頼性の高いアートとしてNFT取引が進んだ。NFTはアートだけではなく，ゲーム（ブロックチェーンゲーム，GameFi等と呼称）にも活用される。ゲームのキャラクターやアイテムが，NFTとしてゲーム外マーケットに出品されて売買することができるようになっている。

　このNFTを企業目線で考えてみると，企業のオリジナルキャラクターをネット上で売買する場合には有効な手法かもしれない。そして，売買できればその価値を金額で把握できる（自己創設のれんに該当する可能性があるので，会計上の資産に計上できるかどうかは別問題）。もし，当該NFT販売事業を譲渡する際には，NFTの売却価格算定の公正性としても有効であろう。

　ここに，経理財務部門が，NFTのような無形資産価値を担保できるという

事象に敏感であるべき理由がある。

なお，NFTにおいて資産価値を担保することができるようになったのは，下記のような特徴からである。

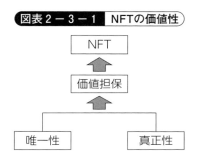

図表2－3－1　NFTの価値性

(1)　特徴①：デジタル資産に唯一性を確保できる

上述したように，デジタル資産は従来コピーが容易であったため，唯一性を確保することが困難であった。NFTは，デジタル資産に対して他とは代替の利かない「唯一性」を確保できるようになったのが大きな特徴である。NFTはデジタルデータに対して，本物であることを保証する。これは，デジタルデータであっても，それが本物であることが重要であり，有形であろうと無形であろうと，偽物に価値はない。これが，資産としての価値（金銭的な価値を含む）をもたらしたのである。

(2)　特徴②：取引の真正性を確保できる

NFTおよび暗号資産の技術基盤であるブロックチェーンは，非常に高い堅牢性を持っている。ブロックチェーンは，「ノード」といわれる無数のコンピュータに分散保存され，互いのデータを監視することで，仮にデータの改ざんがあった場合に，データを一斉に書き換える。このような仕組みを基礎としているので，例えばNFTの取引データは改ざん困難であり，万一改ざんされたとしても痕跡は容易に発見可能である。ブロックチェーン上のデータは取引に関わる全員が確認できるので，情報の透明性も確保できる。このような背景

から，ブロックチェーン上での取引は，信頼性が確保されているため，銀行や仲介業者などの第三者を介する必要がなく，仲介料などは不要（ブロックチェーンの利用に関わる手数料や，それぞれの取引プラットフォームが課す手数料はかかる）となり，売買を直接できることも魅力の1つとなる。

(3) 特徴③：デジタル作品の価値を担保できる

上述したように，デジタル資産の唯一性と取引の真正性を確保できることで，NFTはデジタル作品の価値を担保でき，製作者が安定して利益を得ることができる。例えば，NFTの取引データはブロックチェーン上で一貫して追跡できるので，NFTが転売されても希望すれば一定の手数料を得ることができるのである。既存の仕組みでは，製作者は二次売買以降でどんなに作品が高値になったとしても，その恩恵を直接受けることができなかった。その意味でも，NFTの取引は製作者にとって，価値が担保された状態で作品が市場で取引されるので，収益の確保を確実に予定できる。

3 NFTの活用

NFTは，様々な分野で活用可能性がある。上述したデジタルアートやゲームキャラクターの販売はもちろんだが，ビジネス上の重要書類をNFT化する動きもある。重要な契約書や権利書などは書面で締結したり，交付されたりすることも多いが，これをNFT化すれば，デジタル取引が推進され，取引そのものがスムーズとなり，さらにコピーなどの偽物からも守ることができ，信頼性を確保できる。

経理財務部門での取組みとしては，まずは，NFTのような新技術に基づく経済取引があることについて認識と理解を深める必要がある。その上で，自社における企業価値創造となるような，無形資産価値算定を検討してみたい。もし，それが売買できるもので，さらに唯一性が確保でき，売買価値として資産価値があると考えられるものであれば，ぜひNFTなどを検討してみたい。これは，新規事業開発であり，場合によっては経理財務部門の役割ではないと考えるかもしれないが，今までお金に換算できなかったものが換算できるように

なる，といった視点は，非財務項目から財務項目への転換を意味するものであり，企業価値に敏感である経理財務部門であるからこそ，このような提言もできると考える。

NFTはデジタル作品を確固たる価値のある資産へと押し上げた，ある意味，特許権のようなものであり，さらに売買する市場が存在することで，有価証券のようなものかもしれない。企業が保有する無形資産をNFTにすることで，場合によっては経済的価値が明確化する。現在では，NFTを売買仲介する会社もあり，このような会社の支援を得て，無形資産を企業価値として明確化できる。企業価値創造活動として，経理財務部門が誘導してみてほしい。さらに，ブロックチェーンの動向により，場合によっては資金決済の方法が変わるかもしれない。現実的な決済手数料など財務費用の削減にも貢献したり，一方NFTなどによる資金運用などの可能性もある。もちろん，信頼性や安全性などの評価や，税制整備などが必要ではあるが，経理財務部門としては，このWeb3.0が企業取引に影響を及ぼす可能性について，当面着目すべきであろう。

第4節 会計監査人への対応力強化

近年，会計監査人（監査法人）とのコミュニケーションに苦労されている経理財務部門が多いと聞く。担当している監査法人について「関係がうまくいっていない」，「質問に対する回答に時間がかかりすぎている」，「担当パートナーと合意したのに，その後ひっくり返された」，「会議室に閉じこもり，コミュニケーションがほとんどない」などの不満である。監査人の独立性が厳格になったといえばそれまでだが，もう少しうまく監査法人と対応できれば，決算全体の効率化につながる場合も多い。

一方，近年の監査人の独立性強化で，監査人の助言機能もかなり制限を受けている。そのような意味でも，経理財務部門として監査人に頼らない力が必要であるのも事実である。

1 監査の厳格化と監査人の指導的機能の制限

(1) 監査厳格化までの流れ

① 古きよき時代

　筆者が公認会計士試験に合格をしたのが1992年，その後に某大手監査法人に入所し，会計監査業務をしていた。その当時，もう少し監査手続や監査スケジュールには余裕があった。上場企業の決算は年2回（年次，半期）で，J-SOXなどもなく，夏季などは2～3週間程度休暇をとっていた記憶がある。また，監査人の独立性についても現在に比べれば大きく許容されており，監査をしながら財務諸表の作成支援（例えば，難解な仕訳の作成を支援するなど）を同時並行して行っていた記憶もある。

　監査人とクライアントとのコミュニケーションは，監査業務の際には証跡や帳票などをクライアントからいただくと同時にヒアリングを行い，また「課外活動」と称してランチ，ディナー，ゴルフなどもコミュニケーションの一環として活発に行われていた。いい意味でも悪い意味でも，企業と監査人のコミュニケーションはスムーズであったと認識している。

② 内部統制報告制度（J-SOX）が監査人独立性強化の転機となった

　2002年，米国でのエンロン事件で当時会計監査を担当していたアーサーアンダーセンは，会計監査報酬よりもアドバイザリー報酬のほうが大きいことが問題視され，また日本では2005年のカネボウ事件，続く2006年のライブドア事件で，監査人がクライアントとの関係を重視しすぎたためにクライアントの粉飾を見逃す結果になったのではないか，ということが問題となり，ここから監査人の独立性が強く求められる時代へと移っていった。また，それを強力に推進した法制度が，2009年3月期から導入された内部統制報告制度，いわゆるJ-SOXである。これがきっかけとなり，財務諸表の作成責任は企業にあることが明確に規定された。折しも1990年代終盤から会計ビッグバンと称し，税効果会計や退職給付会計など会計基準が難解かつ複雑になり始めた時期で，企業も

監査人にそれらのアドバイスや，場合によっては会計処理の作成支援をしてもらいながら，財務諸表を作成していた時期でもあった。

ちなみに，筆者が経営している会社はこの時期（2006年）に創業をしており，当時はもちろんJ-SOX対応支援も多く依頼があったが，それ以上に多かったのが「監査人が今まで具体的なアドバイスや仕訳作成などについて支援をしてくれていたが，それが監査人の独立性強化で難しくなったので，お願いできないか」という依頼だった。

③ 会計監査の厳格化と上場企業数の増加による
コミュニケーション不足

2015年の東芝事件により，金融庁，日本公認会計士協会ともに，監査法人に対して会計監査手続および品質管理の厳格化を求め，これにより監査工数が増大，監査現場における時間的な余裕は失われていった。さらに，品質管理を厳格化するために監査判断は中央集権化され，監査現場における裁量も狭くなってしまった。

監査現場の大変さについては，2017年12月に日本公認会計士協会会長からの声明「十分な期末監査期間の確保について」が，企業決算の複雑化や監査手続の厳格化によって監査時間が不足しているとして，会計監査人としての危惧を表明していた。このような状態は現在も続いており，上場企業が増加するとともに監査法人に所属する公認会計士が増えていない，つまり監査現場に公認会計士が不足している状況である。

図表2-4-1は，公認会計士登録者数と監査法人所属者数，大手監査法人所属者数を表したグラフであるが，これを見ると，公認会計士登録者数は毎年1,000人前後増加しているが，監査法人所属者数は横ばい，大手監査法人所属者数に至っては減少している。新合格者の大多数が大手監査法人に入所することを考えると，入所者よりも退所者のほうが多いということになり，これはかなり異例の事態といえる。

さらに上場企業数は，毎年100社前後増加しており，会計監査人の不足に輪をかけている（**図表2-4-2**参照）。

特に新規上場（IPO）やスタートアップは，政府方針による経済政策もあり，

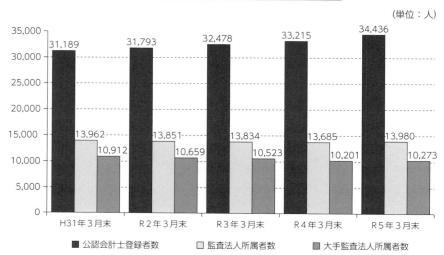

図表2-4-1 公認会計士登録者の数の推移

出典：金融庁公認会計士審査会Webサイト

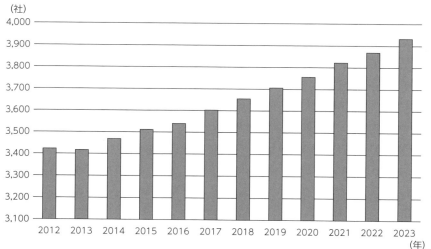

図表2-4-2 上場企業数の推移

出典：筆者調査による

ますます活況となっている。

　いうまでもないが，上場するということは，多くの株主を有するある意味公的な会社に変わるということであり，よって有価証券報告書等の発行とその会計監査が義務付けられる。そのための決算・開示体制も要求されることになり，それまで税務申告と銀行借入れが主な業務であった経理財務部門の役割も大きく変わる。また，子会社を持っていれば連結財務諸表の作成が必要であり，事業が複数種類あればセグメント報告，さらにキャッシュ・フロー計算書，決算短信，半期報告書（旧四半期報告書）の作成も求められる。さらに，間違いがあれば訂正報告書などの提出が求められ，それが重要であれば過去に遡及して財務諸表の再作成が求められる。

　このような状況であるから経理財務部門も会計監査人も繁忙を極めており，さらに企業も監査法人もガバナンス強化のあおりを受け，相互コミュニケーションが不足しがちとなっている。

　さらには，最近は大手監査法人を中心に，ITによるデータ解析の監査手法が導入されつつある。まずクライアントから取引データをもらい，そのデータ解析を行った上で，その取引帳票などの確認を行っていくといった手法である。かつては経営者や現場責任者などへのヒアリングや，現場を視察し，監査人の勘と経験からリスク分析などを行っていたが，これをより客観的なデータ分析という手法を用いることで監査品質を向上させるという目的である。こうなると，現場スタッフはリスク評価をして手続を実施すべきかの判断をするよりも，すでに監査手続として規定されたものを単純に確認していく作業になりやすく，会計監査人とのコミュニケーションはさらに不足していっている。

(2) 監査人の指導的機能は望めない

① 監査の役割は「批判的機能」と「指導的機能」の両輪であったが…

　以上のような過去を振り返ってみると，監査の役割はますます「批判的役割」が強くなり，結果として「指導的役割」を発揮することが難しくなってきている。ある監査人に聞くと，監査クライアントに対するアドバイスについては「具体的なアドバイスは難しい。できても，選択肢を示す程度。会計処理を提案したり，仕訳を作成支援するなど，独立性に抵触するので不可能」と言う。

一方，クライアントは「指導的役割」への期待が大きい。特に会計処理として微妙な見解が必要な場合，難解な会計処理に対する具体的なアドバイス，開示資料（短信，有価証券報告書，会社法計算書類など）に対する最終的な確認など，監査人が財務諸表作成の砦になってほしいという期待がある。しかしながら，上述したように監査人の独立性強化や監査工数の増大が，このような期待に十分応えられない要因となっているのは事実であろう。これらは，クライアント側だけではなく監査人側も十分に自覚しており，忸怩たる思いであるのは想像に難くない。

さらに，近年では決算短信の確認を監査人は行わないこともある。もともと，決算短信は監査対象ではなく，決算短信にも監査未実施である旨，明示している。ただ，以前は決算短信も監査人が会計監査の付随サービスとして細かく確認して公表していたが，近年は監査手続の増大とともに，このような付随サービスは省略されつつある。

結果として，決算短信に誤りが見つかり訂正開示を出す企業が増加している。従前であれば，監査人が訂正開示を出すこと自体，監査人の信頼性に関わるということで，決算短信のチェックは数字だけではなく，誤字・脱字や経理の状況以外の数字部分などについても確認・助言があったのだが，最近では「決算短信はあくまで未監査である数字の公表」と明確化すべきと，金融庁のディスクロージャーワーキング・グループ報告（2016年4月18日公表）にもあるとおり，決算短信については監査人に責任はなく，あくまで企業の任意における公表値である立場を明確化する方向としている。その結果として，決算実務現場としては，決算短信を監査人がすみずみまでチェックしないことも散見されてきている。

②　監査現場スタッフがその場で答えてくれない

監査法人では品質管理の厳格化という監査体制のもと，現場スタッフが勝手にクライアントからの質問に対して回答することを許していないことが多い。また，現場スタッフが監査手続，特に実証手続（帳票やデータを突合するなど，取引の証跡をとりにいく作業）を実施して監査調書を作成することに精一杯であり，クライアントにヒアリングしたりコミュニケーションをとる余裕も機会

もなかなか作れないという実態もある。コロナ禍以降，監査人のテレワークが増加して，ますますこのような状況が助長されている。

2 監査人に頼り過ぎない財務経理部門の体制構築

このように，監査人の指導的役割が減退し，独立性が強化されたことにより，経理財務部門では自らの力を強化することが必要となってきている。以下では，そのための具体策を挙げてみたい。また，本書ではこれらを掘り下げて後述している。

(1) 原則主義に対応できる体制

日本企業の経理実務は，税務実務を中心とした細則主義ルールに基づいた実務慣行となっているが，最近ではIFRSへのコンバージェンスが進むにつれて，会計基準が原則主義的なものとなってきている。例えば固定資産の資産計上基準や減価償却年数・方法は，税法によるところが大きい。一方，近年のIFRSコンバージェンスへの影響で，収益認識や減損などは，税法に細かな基準はなく，原則主義である会計基準に沿う形となっている。

そうなると，実務スキルとして基準や法律を読み解く力よりも，会計理論を用いて会計処理を「考える」実務が求められてくる。また，その会計理論に基づき具体的にどのような会計処理にすべきかを，監査人に説明するスキルが必要となってきている。特に，減損や繰延税金資産の評価など，将来キャッシュフロー予測に基づき会計処理をする資産評価関係については，基準に記載されているルールで一律に会計処理を行うことは困難であり，会計理論とビジネスを所管するマネジメントの意思を組み合わせて会計処理が決定されるから，これを監査人に理解させることは一筋縄ではいかないかもしれない。

このような背景から，経理財務部門の体制構築について，2つの点に留意したい。1つは，経理人材の教育において会計理論をぜひ向上させてほしい，ということである。学問でいうと「財務諸表論」ということになるが，このように実務だけではなく学問としてもしっかり学習することをお勧めしたい。もう1つは，会計処理を決定するにあたり，その理論を文書化することである。こ

の点は，会計監査を受けている企業であれば，会計処理を変更したり新たな会計処理を適用する際に，監査人から要請されることもあるであろう。なお，当該文書はポジションペーパーなどともいわれ，内容は「関連する会計基準」「会計処理・開示の検討」「結論」などを記載する。

図表２－４－３　ポジションペーパーの記載事例

【1．目的】
　本ポジションペーパーの目的は，◎社における一括償却資産に係る会計処理に関して，現行の会計処理と国際財務報告基準（以下，IFRS）の主な違いを明らかにし，IFRS適用に際しての対応方針を記述することである。

【2．論点項目】
　有形固定資産の一括償却資産に係る会計処理

【3．参照基準等】
IFRS
• IAS第16号「有形固定資産」
日本基準
•「企業会計原則注解」

【4．IFRSの規定】
　有形固定資産項目の取得原価は，次の場合に限り，資産として認識しなければならない（IAS16.7）。
　(a)　当該資産項目に関連する将来の経済的便益が企業に流入する可能性が高く，かつ
　(b)　当該項目の取得原価が信頼性をもって測定できる。
　本基準は認識を行う際の単位，すなわち，どのような項目が有形固定資産項目を構成するのかを定めていない。したがって，企業特有の状況に認識規準を適用するには判断が要求される。鋳型や工具および金型のように，個々には重要ではない項目を集計し，その総額について当該規準を適用することが適切な場合がある（IAS16.9）。

【5．日本基準と現行の会計処理】
　日本基準においては，有形固定資産の資産計上に関する具体的な定めはない。

法人税法上，少額の有形固定資産等に係る損金算入額について詳細な規定が定められている（法人税法施行令133条，133条の2）。

上記を踏まえ，当社では有形固定資産に係る支出については，法人税法の規定に従って会計処理している。

	種類	財務会計処理	税務会計処理
1	少額資産（使用期間1年未満または取得価額10万円未満）	費用処理	損金算入
2	一括償却資産（取得価額10万円以上20万円未満）	費用処理	3年で損金算入
3	通常の資産（取得価額20万円超）	減価償却	減価償却

【6．現行の会計処理とIFRSとの相違内容】

現行の会計処理においては，資産の取得による支出額のうち，通常の資産のみを有形固定資産として認識し処理している。

他方でIFRSでは，資産の取得による支出額の要件を満たした場合に，当該支出額を有形固定資産として認識する必要があり，資産としての認識要件が同一ではない。

現行の会計処理とIFRSとの間で相違が生じる可能性がある。

【7．分析】

××××××××。

【8．結論】

現行の会計処理を変更しない。

【9．修正仕訳】20XX年X月期末（単位：百万円）

貸方		借方	
科目	金額	科目	金額

【10．備考】

本ポジションペーパーにおける検討を踏まえた関連文書の改訂の要否の結果は次のとおりである。

	文書名	改訂の要否	改訂箇所
1	経理規程	否	
2	会計処理マニュアル （有形固定資産）	否	
3	内部統制文書 （有形固定資産）	否	

以上

(2) 公認会計士の採用（組織内会計士）

① 雇用か業務委託利用か

最近では，前述のように監査人の「指導的役割」への期待が難しくなる一方，会計処理が難解かつ複雑になる傾向にあるため，監査人以外の公認会計士（会計監査を経験した監査法人出身者）を活用するケースが増えている。多少コストはかかるが，即効性は高い。特に，前述した減損などの評価関係やM&Aにおける会計処理，連結・開示などについて力を発揮してくれる。

活用の仕方としては，決算時や必要に応じて一時的に業務委託利用する方法（基本的には時給払い）もあるが，場合によっては正規雇用を検討してもよい。ただし，監査法人出身の公認会計士は「財務会計スキル」は（会計監査を経験していれば）期待してもよいが，マネジメントやリーダーシップ，コミュニケーションといったヒューマンスキル，また経営管理，ガバナンス，原価計算といった管理会計系の実務スキルなどについては個人差があるので，採用時に冷静な判断が必要である。

また，公認会計士のような資格者は雇用の流動性が高く，企業としては退職のリスクも高いと思いがちであるかもしれない。筆者も，実は監査法人退職後は3社ほど外資系企業に務めているが，自分のキャリアとして勤務している会社に限界を感じたら転職をすることに迷いはなかった。そのような経験からしても，確かに公認会計士などの資格者は転職の敷居は低い。

ただ，このような雇用の流動性については，企業は慣れていくことが必要である。特に，経理財務部門のように他社でも同様の業務が行えるとなれば，場

合によっては常に自分の市場価値を考えながら，もっといえば自分の市場価値が上がるように転職する人間は多くなっていく。伝統的な「終身雇用」・「年功序列」的な考え方は，少なくとも経理財務部門では，あまり当てはめずに考えたほうがよいかもしれない。

② 公認会計士雇用の留意点

もし，公認会計士を長く雇用したいと思うのであれば，下記に留意していただきたい。

(a) キャリアにプラスになるような業務と認識してもらう

この仕事をすれば，自身のキャリアにプラスになるというような，キャリア志向の考え方で業務担当を割り当て，それを本人に伝えるのがよい。常に市場において自身の価値評価を考えている人にとってみれば，自身のキャリアにプラスになることであれば，積極的に取り組みたいと思うであろう。

ただ，これを行うためには，上司自らキャリア志向の考え方が必要である。そのためには，常に自社以外の人間と交流し，情報交換することで，経理財務分野のキャリアの作り方，その価値評価について，敏感であることが求められる。少なくとも，自社内でのキャリアや評価のみを気にしているだけでは，市場価値の高い優秀な人材をとどめることはできない。

(b) 常に向上心を掻き立てられるような業務を割り当てる

キャリアに敏感な人材は，自分のキャリアにプラスになるような業務には積極的に取り組みたいと思うのが常である。逆にいえば，同じことを何年も継続させられると，キャリア向上に役に立たないと考えてしまい，自社で継続して働くモチベーションが下がる。その結果として，転職につながる。

もちろん，仕事のローテーションは社内事情にもよるので，すべて本人の希望を叶えることはできないかもしれないが，できるだけ毎年少しずつでもよいので，キャリアが前進できるような仕事の分担をしていくと，仕事へのモチベーションが高く保てる。

(c)　どんな人材も万能ではないことを認識する

　公認会計士だから，税理士だから，弁護士だから，といってすべての業務に
万能に対応できるわけではない。もちろん一定レベル以上の知識は保有してい
ることは間違いないが，それを実務に役立て，高いパフォーマンスが発揮でき
るかは別問題である。よく聞くのは，資格者への高い期待に合致しない業務結
果に対する不満である。特に管理職などを任せた場合のリーダーシップや，経
理財務部門以外とのコミュニケーションにうまく対応できなかったりするのは，
知識そのものというよりも，いわゆるヒューマンスキル要素の不足からくるも
のである。

　これは，ある意味当然である。公認会計士や税理士，弁護士などの試験科目
に，いわゆるリーダーシップなどのヒューマンスキルがあるわけではない。こ
れらは，OJTや研修にて，資格知識とは別に身につけていくものである。

　資格者側も，この点は自覚しなければならない。リーダーシップなどは１つ
の技術であり，いわゆる性格や人格によるものではない。後天的に身につける
べきスキルの１つである。特に企業など組織で働く場合には，コミュニケー
ションスキルはかなり重要である。そのような意味で，資格者側は自ら持って
いる高い専門性を十分に生かすためにも，コミュニケーションスキル向上に真
摯に向き合うべきである。

(3)　監査手続を理解する

　監査人の監査手続を理解することも，監査対応の効率化，さらには決算自体
の効率化につながる。監査人は立場上，監査手続を詳細に説明することは難し
いが，その監査手続の目的を共有することは可能である。監査目的が共有でき
れば，提出する資料も効果的・効率的になる。少なくとも下記の監査要点（ア
サーション）は理解したい。

- 実在性（本当にあるのか）
- 網羅性（すべて記録されているか）
- 権利と義務の帰属（会社のものか）

- 評価の妥当性（適切な価額か）
- 期間配分の適切性（正しい期間に計上されているか）
- 表示の妥当性（きちんと開示されているか）

　例えば，売掛金であれば実在性や評価の妥当性が，借入金であれば網羅性，収益や費用であれば期間配分の適切性などが監査要点として設定される。監査要点は，被監査企業の業種，組織，情報処理システムなどに対応して監査人が設定する。

　監査要点や監査手続を理解することは，監査人とのコミュニケーションを円滑にするだけではなく，企業のリスク管理やガバナンスにもその考え方が応用できる。

　なお，公認会計士でなくても，監査手続や監査論を理解することは，業務において大いに役に立つ。むしろ，経理財務部門であれば，会計基準や税法よりも，今後は監査論などが役に立つかもしれない。なぜなら，会計基準や税法は，監査法人や顧問税理士などの外部専門家からアドバイスをもらえるからだ。ただ，業務におけるリスクマネジメントとその確認のための監査手続への実践は，その企業に根ざしたものでなければならない。もちろん，これらも公認会計士や公認内部監査人（CIA）などの外部専門家に依頼することもできるが，ガバナンスや内部統制構築は，自社目線で実施したほうが効率的・効果的である。

　むしろ，公認内部監査人（CIA）の資格を自ら取得してもよい。企業における今後の経理財務部門の主な役割として，ガバナンスの役割も期待されている。ガバナンスの役割を果たすためにも，その中核となる知識である監査論については，キャリアとしても有効であろう。経理財務部門のガバナンス役割については，後述しているので参考にしてほしい。

⑷　監査戦略を監査人と共有する

　特に連結監査上，子会社の監査をどのように進めるかについて，企業と監査人が相互に理解し共有することは，グループ全体の監査戦略として重要である。会計監査には，法定監査と任意監査，保証のレベルに応じた「フルスコープ監

査」「レビュー」「合意された手続」などがあるが，連結監査上最も効果的・効率的な連結子会社監査契約を親会社目線で締結したい。特に海外の場合には，当該国の会計基準における法定監査が連結監査上で効果的なのか，連結上の重要性やリスクなどを勘案して保証レベルがどの程度必要なのか，またその監査コストなどを含めて，親会社の監査人と十分に意見交換することをお勧めしたい。これが，グループのガバナンス施策の一環ともいえる重要な監査戦略となる。

　また，日系企業は，海外関連会社を適正に管理できていないことが多い。よって，海外関連会社の監査人が「適正」としたから問題ない，と考える向きが多い。その結果，海外子会社で会計不正が発覚してしまい，企業価値を毀損してしまう。会計システムを統一したり，グループ統一の会計処理マニュアルを規定するなど，本社が関連会社を「見える化」し会計ガバナンスを強化することで，監査人のリスク評価も「見える化」でき，監査の効率化にもつながる。

⑸　監査人との円滑なコミュニケーションが 企業価値向上となる

　監査人との円滑なコミュニケーションは，なんといっても「相互の理解と期待ギャップの解消」であろう。筆者は業務上，監査人に対する不満や批判も数多く聞き及んでいるが，そのたびに企業側の努力も必要であると説いている。われわれを取り巻く環境は，すでにひと昔前の資本市場や会計・監査慣行とは激変しており，より厳しい会計ガバナンスが要求されている。監査人は好き好んでコミュニケーションを悪くしているわけではないし，膨大な資料を要求しているわけではない。担当しているクライアントには健全な企業運営をしてほしい，それが監査人の本音であろう。もちろん，被監査企業の経理財務部門も同じ思いであろう。目標が同じであれば，相互に協力することで，より効果的・効率的な監査対応が可能ではないか。そしてそれが結果的に企業価値向上へつながる。

⑹　不正防止は企業が主体的に対応すべき

　最近の資本市場は（場合によっては企業自身も），会計不正発見の主体的な

役割と責任が監査人にもあるかのような期待をしているかもしれないが，会計不正防止や発見の主体的な役割と責任は，間違いなく企業にある。ご存じのとおり，監査人に捜査権はなく，企業が意図的（特に経営層が関与している場合）に会計不正を行っている場合に，それを発見し訂正していくことは困難である。また，再々述べているように監査人の独立性が厳しくなり，被監査企業と監査人が「あ・うん」の間柄ではなくなってきたこともあり，被監査企業側も監査人対応が難しくなってきている。企業が窮地に追い込まれたときに監査人は独立性の観点から適切な助言をすることができないことも一因かもしれない。

　経理財務部門は会計不正を防止し健全な会計処理をすべく，会計ガバナンス施策を主体的に発揮すべきである。そのための人材，組織，ツールなどをどのように調達・構築すべきかを，監査人や監査経験のあるアドバイザリー・コンサルティング会社に助言を求めることも必要であろう。

　近年では，企業不正が起こるたびに会計監査人の責任が問われる社会的な風潮となっている。そして，監査法人の懲戒処分が続いている。これは，筆者の私見ではあるが，犯罪が起こるたびに警察が懲戒処分を受けているようなものだと感じてしまう。悪意をもった行動を事前に防止することは難しく，ましてや外部の会計監査人が発見したり防止することは，ほぼ不可能である。そのような意味で，ガバナンス機能を企業内部にある経理財務部門が主体的に果たしていくことが，それこそ企業自体のサステナビリティにつながり，最終的に企業価値向上となるであろう。それこそが，経理財務部門のサステナビリティにもつながると筆者は強く思っている。

第 3 章

企業価値を創造する
経理財務部門の機能

| 第 1 節 | 非財務価値を生かす |

「経理が企業価値を創造する」と言うと，ほとんどの方が「それは言い過ぎだろう」と答える。しかし，今後は経理財務部門が企業価値を創造できるかが，企業成長のカギといえる。なぜか。

1 COOはP/L，CFOはB/Sを創造する

　企業は売上を上げ，そのための仕入を行い，また業務を行うための給与・経費を支払い，その残った金額が利益となる。その陣頭指揮を執っているのは主にビジネス事業部門のトップであるCOOである。その数字はP/L（損益計算書）に計上される。そして，その溜まった利益（損失）は剰余金としてB/S（貸借対照表）に計上される。また，B/Sに計上される資産・負債・株主資本は，将来利益を生み出す源泉である。そして，そのB/Sを貸借対照表に計上されている価値を最大限生かして資金調達をするのが，経理財務部門のトップであるCFOである。つまり，COO（ビジネス事業部門）はP/Lを，CFO（経理財務部門）はB/Sを創造するといってよい。

　企業価値には様々な定義が考えられる。例えばM&A時における一般的な株式価値算定方法であるDCF（将来キャッシュフロー）方式で算定された金額や，上場企業であれば時価総額，あるいはB/Sに計上されている純資産が企業価値という場合もある。もちろん，それぞれの場面によって，使う算定手法は異なるであろう。

　しかしながら，企業価値を，記帳された財務価値以上に向上させることがなぜ必要なのか，そして企業価値を最大化させる役割こそが経理財務部門にあると認識している経理財務部門は少ないかもしれない。実は，ここに大きな課題がある。日本企業における資金調達方法の主流が，いまだに返済を必要とする間接金融（借入金や債券など）を中心としているからのように思える。

第3章 企業価値を創造する経理財務部門の機能 | 71

2 直接金融を効率的・効果的に使うことを考える

(1) 直接金融と間接金融

　企業経営者は目の前の利益捻出に必死である。その利益を得るためには，当然だがそれを生み出す金融が必要である。金融には，大きく直接金融（資本）と間接金融（負債）がある。従来，日本では間接金融（借入金）が資金調達の中心であったため，経理財務部門は資金調達をいかに効率的に行うかは，借入利率だけを気にすればよかった。直接金融を効率的に使うことをほとんど考えなかった。

　しかしよく考えてみると，直接金融はいわゆる株主資本であり，「返さなくてもよい資金」である※。もちろん，配当金という資金が発生することは確かであるが，これは義務ではない。あくまで利益が出たときに，その運用益という意味合いで株主が要求できるものである。稼いだ利益（剰余金）以上に配当することは，もちろん法的にも認められていない。つまり，直接金融は，企業にとってとてもありがたい資金調達方法なのである。

　※　直接金融を社債などの債券を含む定義とする場合もあるが，ここでは資本に組み入れる資金調達，つまり返済不要な資金調達と定義している。

　例えば，新規事業や新規設備投資などで資金調達をすることになった場合，大きくは金融機関などから借入れをする方法，社債発行などをする方法，第三者割当増資などによって資本市場から資金調達する方法がある。その選択に際しては資金調達コストなどを検討するであろうが，キャッシュフロー的な視点で考えた場合には，調達した資金を返済しなくてもよい直接金融のほうが有利である。

　つまり，間接金融では，稼いだ利益を返済金と支払利息に充当する必要があるが，直接金融では，出資金については返済不要で配当金を株主に還元することになる。そして，その部分は次の投資資金に向けることができる。損失が出てしまった場合でも，直接金融の場合には出資金の返済は不要であり，キャッシュフロー的にはダメージが少ない。

このように，企業においては一般的には直接金融のほうがキャッシュフロー的に有利であり，経営的にも資本が増強されて財務安定性を確保できるため，総合的に有利である。特に上場企業は，資本市場で資金調達できるインフラにあるわけであるから，直接金融を用いたほうが当然有利となる。

それでは，直接金融による資金調達が簡単なのかといえば，そうではない。場合によっては，間接金融よりは難しいかもしれない。理由は簡単で，直接金融のほうが，資金の出し手のリスクが大きいからである。リスクが大きいのだから，資金調達時には，その資金を必要とする事業の収益性等について納得してもらえる説明が必要となる。間接金融であれば，資金の出し手は貸付元本と利息が回収できればよいので，場合によっては事業の評価をせずに，借り手の保有している資産を担保として取れればよいということになる。

(2) 経理財務部門だからこそ株価を高める意識を

上場企業が直接金融をさらに有利に進めるためには，株価が高いほうがよい。資本市場における株価は，株式の投資家や，ストックオプションが付与されている役員や従業員等から高くなることが期待されており，企業そのものにはそれほどインセンティブがないと考えられがちであるが，実は株価が高ければ，例えば第三者割当増資をした場合に，多くの資金を調達できる。多くの資金調達ができれば，それだけ投資額も大きくすることができ，企業規模，ひいては企業価値を成長させることができる。

それでは，高い株価にするにはどうすればよいのか。ストレートにいえば，企業価値を高めることである。それでは企業価値とは何なのか。前述したように，この定義はいろいろあるが，狭く考えればB/Sの純資産，広く考えれば時価総額といえよう。その上で，近年は財務価値だけではなく，非財務価値も含めて企業価値と定義することが普通になってきた。B/S上の価値から，人的資本や無形資産などに帰属する価値に重心がシフトし，加えて企業が持つテクノロジーやデータ資産が企業価値に大きな影響をもたらしているからだ。

図表3－1－1はこのトレンドを表した有名な図表である。

この図表は，投資家が重視する企業価値の構成割合を示しており，年々財務価値が低くなり，非財務価値（無形資産）が高くなっている。2020年において

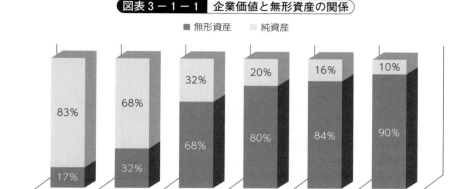

出典：Ocean Tomo, "Annual Study of Intangible Asset Market Value 2020"

は，従来の財務情報では企業価値の10％しか説明がついておらず，残りの90％は，財務情報以外のところに価値が存在しているという見方ができる。つまり，非財務情報を理解しなければ企業価値が説明できない，という状況になってきている。

　経理財務部門は，非財務項目と企業価値との相関関係について関心が薄くなりがちであるが，経理財務部門こそ企業価値向上とは何かを考え，上場企業であれば株価を高く保つための方策や要因は何なのか，高い意識を持ったほうがよい。経理財務部門は，得てして会計記帳を正確にして税務申告を正しく行うことに注力しがちであるが，本当の意味で企業価値に貢献するためには，やはり非財務価値を含めた企業価値に高い意識を持ち，その構成要素について探求したい。

3　企業価値を時価総額と考えてみる

　上場企業であれば，時価総額（株価×発行済株式数）は企業価値の指標の1つとして考えられるだろう。それでは，時価総額とは何を意味するのであろうか。日系企業の従業員は自社株式を保有していないことも多いため，株価や時

価総額に興味がないことが多いが，企業経営にとって株価や時価総額は，とても大きな意味を持つ。端的にいえば，「時価総額＝投資規模」といえるであろう。つまり，時価総額を背景にファイナンス（投資・融資）されると考えればよい。時価総額が大きいほど投資規模も大きくなり，企業成長にも大きく影響する。

　時価総額ランキングは，魅力的なファイナンス（投資・融資）ランキングとも取れる。2024年当初の世界株式時価総額ランキング（**図表３－１－２**）によ

図表３－１－２　世界株式時価総額ランキング

（2024年1月9日時点，1米国ドル145円換算）

	銘柄名	国	株式時価総額
1位	アップル	米国	2.88兆ドル，約417兆円
2位	マイクロソフト	米国	2.78兆ドル，約403兆円
3位	サウジアラムコ	サウジアラビア	2.18兆ドル，約316兆円
4位	アルファベット（グーグル）	米国	1.76兆ドル，約255兆円
5位	アマゾン	米国	1.54兆ドル，約223兆円
6位	エヌビディア	米国	1.29兆ドル，約187兆円
7位	メタ・プラットフォームズ（フェイスブック）	米国	9,217億ドル，約133兆円
8位	バークシャー・ハサウェイ	米国	8,009億ドル，約116兆円
9位	テスラ	米国	7,644億ドル，約110兆円
10位	イーライリリー	米国	5,943億ドル，約86兆円
11位	ビザ	米国	5,396億ドル，約78兆円
…	…	…	…
13位	JPモルガン・チェース	米国	4,973億ドル，約72兆円
…	…	…	…
15位	台湾セミコンダクター（TSMC）	台湾	4,863億ドル，約70兆円
…	…	…	…
17位	ウォルマート	米国	4,260億ドル，約61兆円
…	…	…	…
21位	LVMH モエヘネシー・ルイヴィトン	フランス	3,834億ドル，約55兆円
22位	サムスン電子	韓国	3,822億ドル，約55兆円
23位	テンセント	中国	3,589億ドル，約52兆円
…	…	…	…
38位	セールスフォース	米国	2,525億ドル，約36兆円
39位	トヨタ自動車	日本	2,504億ドル，約36兆円

出典：STARTUP JOURNAL（https://journal.startup-db.com/articles/journal-startup-db-com-articles-marketcap-global-2024）をもとに筆者作成

ると，円安の影響もあるが，トップ100に日本企業はトヨタ自動車だけである。なお，トップ100のうち，米国企業が64社，中国企業が10社，フランス企業が5社，英国企業とインド企業が3社，という国別ランキングとなっている。

それでは，日本企業における時価総額はどうか。

図表3－1－3 日本企業の時価総額ランキング

（2023年12月29日付）

順位	銘柄名	時価総額（兆円）
1	トヨタ	42.3
2	ソニーグループ	16.9
3	NTT	15.6
4	キーエンス	15.1
5	三菱UFJフィナンシャル・グループ	14.9
6	信越化学工業	12.0
7	東京エレクトロン	11.9
8	ファーストリテイリング	11.1
9	KDDI	10.3
10	リクルートホールディングス	10.1

出典：日本経済新聞（https://www.nikkei.com/marketdata/ranking-jp/market-cap-high/）をもとに筆者作成

図表3－1－3を見ると，トヨタが日本企業ダントツのトップであるが，先に見たとおり，世界レベルでは低い。世界トップのアップルとは12倍，電気自動車のテスラとも3倍ほどの差がある。しかしながら，事業規模ではアップルとは同格，テスラとは比較にならないほど大きい。図表3－1－4のとおり財務情報を見ても，トヨタがテスラを圧倒的に上回っており，事業規模でもトヨタ生産台数約1,030万台（2023年），テスラ約184万台（2023年）と圧倒的にトヨタのほうが上である。

特筆すべきは，株価純資産倍率（PBR）である。トヨタは圧倒的にPBRが低く，2024年3月期においては1倍である。つまり，純資産と時価総額が同じということである。日本企業のトップがPBR1倍とは，寂しい限りというしかない。逆にいえば，純資産が圧倒的に大きい，つまり，自己資本が厚いため財務体質は相当強固であるといえる。最近では，トヨタグループ傘下の自動車メー

1米国ドル＝145円で換算	アップル 2023年9月	トヨタ 2024年3月	テスラ 2023年12月
売上高	383,285百万ドル 55.6兆円	311,002百万ドル 45.1兆円	96,773百万ドル 14.0兆円
当期利益	96,995百万ドル 14.1兆円	34,975百万ドル 5.1兆円	14,999百万ドル 2.2兆円
総資産	352,583百万ドル 51.1兆円	621,478百万ドル 90.1兆円	106,618百万ドル 15.5兆円
純資産	62,146百万ドル 9.0兆円	243,030百万ドル 35.2兆円	63,367百万ドル 9.2兆円
株価純資産倍率（PBR）	46.3	1.0	12.0

図表3－1－4　アップル，トヨタ，テスラの財務比較

カーによる不祥事があり，場合によっては大きな損失になる可能性が高いが，このような事態でも経営困難になる状況にはならないと予想できる。

　企業価値をすべて時価総額に置き換えることはできないが，少なくとも資本市場の評価を示す1つの指標となる。企業に投資・融資する金融がなくなれば，最終的に自社利益の範囲内でしか投資ができない。現行事業のライフサイクルが終焉していった場合には，競争企業に飲み込まれたり，市場淘汰されたりすることになる。企業の経営層には，企業価値に直結する株価により敏感になってもらい，自社の発展とサステナビリティ（持続可能性）を真剣に考えてもらいたい。

4　無形資産と経済成長

　先にも述べたように，企業価値は有形資産から無形資産に移行しているといわれている。いわゆる「モノ」の時代から「コト」の時代への遷移である。経済産業省の『令和4年版通商白書』では，様々な変革（イノベーション）による経済成長の中で，この時代に企業が競争を優位に進めていく上では，無形資産投資がいかに重要であるかを示している。本節は，この『令和4年版通商白書』を参考に，無形資産投資について考えてみる。

(1) 無形資産投資の難しさ

　国連貿易開発会議（UNCTAD）の報告書によると，半導体やAIなどの先端技術産業として位置付けられる産業の市場規模は，2018年から2025年にかけて3,500億ドルから3兆2,000億ドルと9.1倍に拡大することが見込まれているという。企業にとっては，それら先端技術産業を用いて競争力のある製品を開発していくことが重要であり，高い技術が求められる市場で生存していくためにも，研究開発といった無形資産への投資は重要になっている。近年では，無形資産の延長線上で，サステナビリティ関連投資も盛んになってきている。これらは，すべて長期的な企業価値創造のための支出である。

　しかしながら，経理財務的な視点からすると，研究開発やサステナビリティ関連支出は，長期的な成長投資として必須であることはわかっても，有形固定資産以外は会計上の資産として計上できるものが限定されていることに違和感を覚えるであろう。研究開発費であれば，まだ要件を満たせば資産計上されるが，サステナビリティ関連支出といった社会・公共の利益に対する金銭は，現段階で会計上の資産計上要件を満たさないので，費用となる。収益を生み出すための短期的な支出（売上原価や販売管理費など），つまり，それが収益を生むという費用収益対応が見えていれば費用計上もやむを得ないが，多くの研究開発費やサステナビリティ関連支出については，将来の収益獲得が見込めないものとして費用となってしまうのである。

　世間では，研究開発費やサステナビリティ関連投資は，企業成長のために必須といわれる。しかし，これらがほとんど当期の費用となることについては認識されていないであろう。P/Lが悪い会社は，これらの成長のための投資が難しくなる。当期利益が赤字でもこれらへの投資を続けることは，将来の収益が約束されていなければ難しい。それでも，社会的には長期的な視点での経営が求められている。つまり，仮に一時的な赤字であっても，研究開発やサステナビリティへの投資（費用）は継続すべき，ということになる。企業経営者としては，将来の収益獲得が見込める投資は決断できるが，特にサステナビリティ関連投資については，財務的な余裕がなければ継続することはできないであろう。

財務的な余裕があったとしても，無尽蔵にそのような投資を進めることもできない。研究開発投資については，将来の収益を見込んで進めていくことは当然であるが，サステナビリティ関連投資も同様に将来の収益を見据えたいところであろう。ただ，サステナビリティがどのように将来の収益につながるのであろうか。

　この点については，サステナビリティエコサイクルといってもよいかもしれないが，**図表3－1－5**のようなサイクルが期待される。

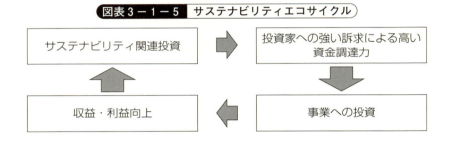

　サイクルだからどこから始まってもいいが，この中の「投資家への強い訴求による高い資金調達力」をもたらすことが，CFOや経理財務部門に求められる役割となる。逆にいえば，ここがなければサステナビリティ関連投資を収益・利益向上，そして企業価値向上に結び付けることはできない。

　しかしながら，上述したように日本企業は，その資金調達は間接金融が主体であり，過去の利益を積み上げた剰余金から投資をすべきという発想になりがちであり，資本市場はあくまで資金調達の場ではなく，発行済株式の流通が中心という認識である。資本市場から新たな資金を調達するという発想が乏しければ，株価や時価総額について企業として関心がなくなるのも当然である。

(2)　無形資産投資の中心は直接金融から

　先の 2 でも触れたが，いま企業価値の主役は無形資産にシフトしている。米国の代表的な株価指数であるS&P 500に採用されている企業では，2015年時点で企業価値の84％が無形資産である。また，欧州のS&P Europe 350に採用

されている企業でも71％が無形資産である。一方、アジア諸国を見てみると、韓国（KOSDAQ）が54％あるが、日経225では31％、中国（上海／深圳CSI300）では35％と、無形資産の割合が比較的低い（**図表３－１－６**参照）。

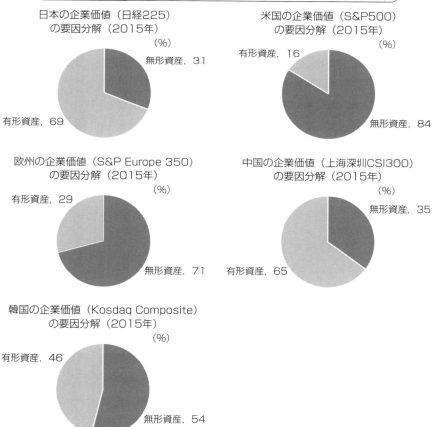

出典：Elsten, Cate M. and Nick Hill, "Intangible Asset Market Value Study?", *Journal of the Licensing Executives Society*, Volume LII No. 4, September 2017（Licensing Executives Society）をもとに経済産業省作成（令和４年度通商白書）

このように日本を含むアジアでは、まだ「モノ」に価値の重点を置いている

ように見える。要因として考えられるのは，1つは，アジアではまだ「モノ」の価値が高いということであろう。もう1つはやはり金融で，まだ間接金融が主体であるためと考えられる。

無形資産への投資は長期的な視点であること，収益への明確な紐付けが難しいことから，直接金融を中心とすることが望ましい。もちろん，収益への紐付けをアピールすることがIR（投資家との対話）の中心であるから，このIRを充実させて投資家にアピールすることが重要になってくる。

(3) 組織や人的資本への投資比率が低い日本

ここで，主要国の無形資産投資の内容を見てみる。**図表3－1－7**は，先進国の中でも経済規模が大きい主要国で比較したものであるが，長期的に見れば，日本以外では2000年に比較して無形資産投資比率は上昇している。

日本における無形資産投資が他国対比で低い理由として考えられるのは，日本企業は余剰資金を厚めに準備をしておく傾向があること，また，「モノ」への投資は将来の収益が見えやすいが，そうではない無形資産への投資は慎重であることであろう。自己資金の厚さは景気変動に強いというメリットもあり，確かにコロナ禍で事業環境が厳しい中，生き残った日本企業も多い。ただ，平時における投資は，企業の競争力強化と社会の経済発展のためにも重要であり，特に無形資産に対する企業の積極的な投資ができる制度と文化が醸成されることが，今後の日本経済には不可欠であろう。

では，無形資産投資の中身はどうであろうか。『令和4年度通商白書』に記載の資料によれば，日本では研究開発の比重が先進国の中では高くなっているが，組織改革や人的資本の比重が低い。つまり，日本では技術開発への重要性は理解されている一方で，従業員が労働する企業の仕組みや職業訓練への投資比率が低い。

会計的な視点で考えてみると，組織改革や人的資本への投資は，すべて費用である。つまり，当期利益に影響するものである。前述したが，こうなると経営者は一定の当期利益を確保することを優先するため，もし利益水準に余裕がない場合には，これらの投資には積極的にはならない。逆にいえば，これらを投資できる利益水準を確保するために十分な利益水準のビジネスを遂行してい

図表３－１－７　実質無形資産投資の実質付加価値比

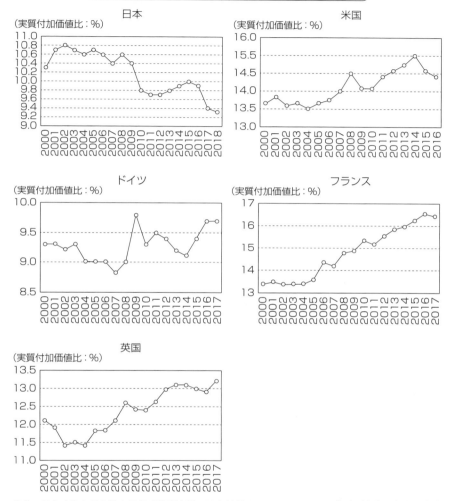

出典：日本は独立行政法人経済産業研究所，日本以外はINTAN-Investから作成（令和４年度通商白書）

く必要があるともいえる。

　経理財務部門として，例えば売値を決定するための資料となりうる「原価」もしくは「利益率（額）」について，現代の労働環境や人的資本への投資を考

慮する必要があるかもしれない。

5　非財務価値コストを反映させる原価計算

　最近では，ワークライフバランスを重視した経営は必須であり，残業規制で残業代は減っても，そのための人材確保や生産性向上のためのシステム導入などを考慮すると，実際には全体的にコストは上昇しているといってよい。これらのコストは原価計算に反映する必要があるが，このうち特に留意すべきは，IFRS会計基準や米国会計基準では一般的である「有給休暇引当金」である。

(1)　有給休暇引当金の原価算入

①　有給休暇引当金とは

　有給休暇引当金は，その名のとおり，有給休暇に対する費用を債務として計上するものである。

　有給休暇は給与を支給しながらも休暇を取得できる制度であることは説明するまでもないが，経営的にいえば，労働サービスがなくても発生するコストである。厚生労働省「令和5年就労条件総合調査」によると，過去，日本企業では有給休暇消化率は50％程度であり，バブル崩壊後の1990年代以降は50％を下回っていた。それが令和になってから急上昇しており，令和5年の調査では62.1％となっている。また，有給休暇は退職時にまとめて消化されるケースも多い。そうなると，まさに労働サービスの提供がない給与が，場合によっては1か月以上続くこともあり，もしその際に引継要員を確保した場合には，退職者と引継者の二重で給与が発生することになる。

　日本企業において有給休暇は，コストとしてあまり認識されていないこともあり，会計処理にも反映されていないのが一般的である。その点，欧米企業では（有給休暇消化率が100％となる場合も多いためか）有給休暇引当金を計上することが一般的である。ちなみに，日本企業が引当計上しないのは，有給休暇の買取りが法的に認められていないから，といった声をよく聞くが，買取りはしないが，結局は買取りと同じ効力を発生させている（労働サービスがないのに給与が発生する）ので，立派なコストである。

有給休暇引当金の計算は下記のとおりである。

有給休暇引当金＝未消化分の有給の日数×有給の平均取得率×日給

細かい計算の解説は省略するが，この引当ての骨子は，有給休暇に伴う労働者に対する債務計上である。イメージとしては，退職時に消化する有給休暇である。ただ，これを臨時的な費用としてみなすのではなく，日常的にコストとして認識して，原価計算に反映するわけである。

②　有給休暇コストの原価計算への反映

有給休暇引当金の骨子は債務認識であるため，実際の損益への影響は，期首と期末の引当金計上金額の差額でしかない。よって，原価計算への反映は，有給休暇引当金の計上だけでは不十分（不適切）であり，労務費に対して有給休暇取得日数を考慮する必要がある。

$$有給休暇を含んだ労務費＝実際労務費×\frac{総稼働日数}{総稼働日数－有給休暇取得日数}$$

日本の総稼働日数は，土日祝日を除くと年間245日程度，有給休暇年間付与20日間，取得率75％（15日間）で計算すると，245日÷（245日－20日×75％）で約6.5％の労務費増加となる。

つまり，上記の事例では6.5％を実際の労務費に加えて，原価を計算する必要があるということになる。

(2)　教育研修費用も原価算入

日本企業における教育研修は，伝統的にOJT（On-the-Job Training）が主であり，上司や先輩社員が実務を通じて指導にあたり，「指導→実践→フィードバック→改善」のサイクルを通してスキル習得を促す。よって，教育研修費用として外部に支払う費用が発生しないため，あまり当該費用をコストとして認識していないかもしれない。

近年は，退職率が高くなってきていることや，OJTだけでは自社に必要な技術しか習得できないため，キャリア形成という意味でも幅広くスキルを習得す

る必要があるという背景から，外部研修の受講や外部講師を招いたりすること
で，教育研修費用が発生してくるようになってきている。それでも，産労総合
研究所の「2022年度（第46回）教育研修費用の実態調査」では，1人当たりの
教育研修費用（2021年）は29,904円であり，高いとはいえない。このようなこ
とから，日本企業においては，一般的に教育研修費用を労務費に含まない。

ただ，今後，人的資本への投資を推進していくとすれば，費用も増大してい
くと考えられ，当該費用についても労務費に含めたほうがよいかもしれない。
少なくとも，上述した1人当たり約3万円の教育研修費用は，人数が多くなれ
ばなるほど金額が大きくなり，利益への圧迫感が大きい。

それゆえに，教育研修費用も人的資本投資として原価に含み，売値に反映さ
せるべきであろう。そして，人的資本に対する投資を充実させることで，さら
に企業価値の向上に資することができるであろう。

第2節　サステナビリティとの関わり方

昨今ではサステナビリティという言葉を聞かない日はない。それだけ，社会
も企業も，そして個人もサステナビリティを意識している。もちろん，見解も
活動も様々だが，サステナビリティに取り組む姿勢が重要となってきている。
それでは，なぜサステナビリティが重要視されてきたのであろうか，それをひ
もとくと，経理財務部門がサステナビリティ推進のカギを握るということがわ
かってくる。

1　なぜ，いまサステナビリティなのか

あらためて，なぜ，いまサステナビリティなのかについて再確認してみる。
現在，サステナビリティというと，気候変動やダイバーシティ，生物多様性
など様々な側面があるが，最初に注目されたのは，1997年に気候変動枠組条約
締約国会議で京都議定書が採択されたことであろう。これは，二酸化炭素など

の温室効果ガスの排出削減と管理を目的とした国際協定であった。その約20年後の2015年には，気候変動と地球温暖化の抑制に関するパリ協定が採択された。地球温暖化に対する環境対策が，いわゆる社会活動の中心となり，その対策を企業に迫ったのである。

　社会のサステナビリティは，当然ながら経済活動のサステナビリティにも影響する。ここに投資家は強く反応したのである。企業投資は長期的な視点で行うことが潮流となりつつある中で，サステナビリティを無視した投資活動をすれば，社会活動であるサステナビリティに反する。企業は社会のサステナビリティがあってこそ存在価値があるわけであり，その意味でも企業にもサステナビリティ活動を要請することになるのである。

2　経理財務部門とサステナビリティ

　サステナビリティが社会活動となり，企業活動と同期させることが重要となると，消費者の購買活動もサステナビリティに影響されるようになる。企業としては，今までは（サステナビリティとまったく関係ないとはいわないが）人々の生活が便利に，快適に，平穏に暮らせるようなビジネス設計をして，社会からの価値評価を得て利益を得てきた。それが，サステナビリティの視点をビジネス戦略に取り入れ，場合によっては人々に不便をかけ，消費者価格が上昇し，少し窮屈な暮らしになるかもしれないビジネス設計もしなければならなくなった。どうしてこれが企業価値向上になるのか，場合によっては利益相反的な活動になるかもしれないと疑心暗鬼になりながら，サステナビリティ活動を推進することになるのである。

　企業がサステナビリティ活動を推進し実行していくには，企業戦略と連携したサステナビリティ活動のKPI指標を策定して，そのKPIを目標に活動を推進，実行していくことが１つの方法であり，効果的かつ効率的な方法であろう。ただ，このサステナビリティKPI指標を好転させることに注力すればよいかといえば，そういうことではない。例えば，非財務項目KPIを好転させた結果，財務状況が悪くなり経営状況を圧迫することがあれば，それも企業のサステナビリティにならない。要は，非財務項目と財務項目とのバランスとその相互連携

が必須なのである。

サステナビリティ活動の成果は中長期的な視点で見なければならないが，そのためには，サステナビリティ活動が最終的には企業価値向上，さらにいえば財務価値向上に貢献している，という経営戦略が必要となる。サステナビリティの推進にあたり必要となるのは，サステナビリティ要素を定量化し，財務情報と統合する新たな情報の枠組みなのである。これらの役割を担うのは，経理財務部門をおいてほかにない。自社の活動の成果を正確に把握し，今後進むべき方向を示す情報を経営者に提供することは，経理財務部門の普遍的な役割であり，この役割はサステナビリティの推進においても変わることはない。サステナビリティの視点を組み込んだ戦略的意思決定に資する情報を経営層に提供するためには，経理財務部門は取り扱う情報やデータの範囲を従来よりも拡充する必要がある。

経理財務部門における今後の中心的な役割として，サステナビリティに代表される非財務KPIと従来の財務KPIとを連携させて，総合的な企業価値向上をするための経営管理支援をすることが求められる。サステナビリティ活動など非財務関連の活動を，より企業価値向上に結び付けることができるような，新しい企業経営管理機能を擁する経理財務部門を整備することが，経理財務部門そのものの存在価値を左右するといえる。

3　実は先進的な日本企業のサステナビリティ活動

サステナビリティ活動に対する日本企業の状況については，様々な認識や見解があるが，筆者は後述するいくつかの事実から，日本はサステナビリティの先進国であると考えている。日本における企業活動にはサステナビリティ的な要素が多分に含まれており，それを導き出して開示などで表現することにより，さらに企業価値向上に結び付けられるはずだ。

(1)　サステナビリティインフラ

日本は，過去にひどい公害（水俣病，川崎病など）を経験し，企業活動における環境への配慮はすでに行われている。例えば東京湾は，公害がひどかった

第3章　企業価値を創造する経理財務部門の機能　　87

50年前に比べて格段にきれいになっており，むしろ海水の透明度が増したことによって汚い海底が見えてしまうほどである。また，「省エネ」と称してあらゆるところで古紙を使ったり，鉄くずをリサイクル利用した電炉を用いた製鉄所も数多く日本国内に存在する。もちろん，戦後の物不足から始まった「もったいない」精神が文化として表れているともとれるが，それ以上に社会がサステナビリティ色に染まっているともいえる。

　これを企業価値向上に役立てない手はない。サステナビリティというと，企業では新たな活動をしなければならないといった機運が強いが，実は日本のサステナビリティインフラはすでに整備されていると，少なくとも筆者は考えている（**図表3－2－1**参照）。

図表3－2－1　サステナビリティインフラ

- 過去の公害経験による環境対策意識
- 消費者の快適性・利便性・価格合理性を第一に考える意識
- 従業員を家族にたとえる意識
- 譲り合いとおもてなしの心

表現化と数値化（非財務KPIなど）

非財務価値

財務価値

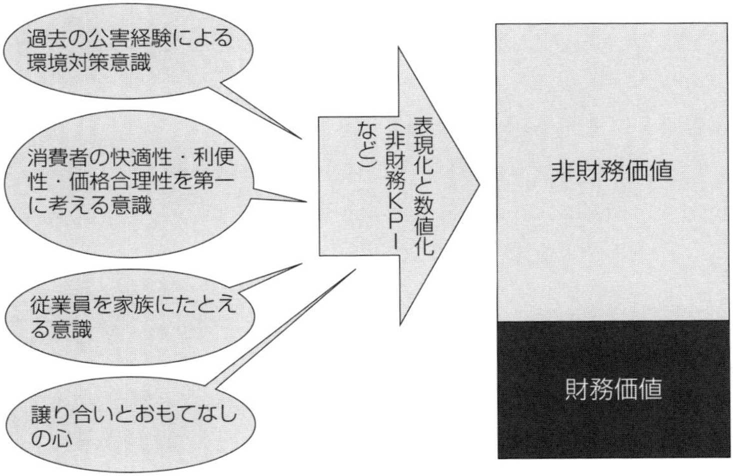

　その上で，経理財務部門では，このような1つひとつの企業活動がサステナビリティに関連し企業価値向上に貢献していないかを検討して，それを開示やKPI策定などに役立てたい。そのためには，やはり国際的な視野が必要である。日本では一般的で常識的だが海外ではそうではない点について，日本が劣っていると考えるのではなく，サステナビリティ視点で考えると優れている，とい

う思考を持ちたい。もちろん，日本（企業）が海外から学ぶことも多く，改善すべき点も多いが，サステナビリティ視点で考えると，実は日本は先進国であるといえよう。なんといっても，日本という国は，2000年以上続いており，その社会文化は脈々とサステナブルであった実績があるのである。

(2) 統合報告書発行社数が世界有数の日本

サステナビリティ開示といえば，従来は統合報告書である。日本の上場企業における統合報告書発行企業は，2023年時点で800社を超える。世界を見渡してみると，サステナビリティ先進国といわれる欧州や米国などでも統合報告書はそこまで普及していない。日本においては「横並び」文化によって発行社数が増加している側面もあるが，少なからず企業としてサステナビリティを意識した開示は，形式的であるかもしれないが浸透しているといえる。

一方，CSV（Creating Shared Value：共通価値の創造）で有名なネスレや，サステナビリティの分野で世界トップクラスと評価されているユニリーバなどの先進企業は，すでに実際の事業戦略にESGが取り込まれているため，改めて「統合報告書」による開示を必要としなかったからだともいわれる。つまり，すでにサステナビリティが経営戦略に含まれているため，それをMD&A（Management Discussion and Analysis：経営者による財務・経営成績の分析）として財務報告に記載すればよいということである。

> ※ CSV：企業が事業を通じて社会的な課題を解決することで創出される「社会価値（環境，社会へのポジティブな影響）」と「経済価値（事業利益，成長）」を両立させる経営戦略のフレームワーク
>
> ※ ESG：持続可能な世界の実現のために，企業の長期的成長に重要な観点。E：環境，S：社会，G：ガバナンスのこと。

日本においては，CSVを取り入れた経営戦略はまだ少数ではあるが，統合報告書発行社数が多いという点において，サステナビリティを意識している企業は少なくないということがいえる。

(3) 「三方よし」が長寿企業をつくる

サステナビリティは持続可能性と訳すが，それを実践すると長寿ということ

第3章　企業価値を創造する経理財務部門の機能　　89

になる。日本は寿命でも世界上位を争う長寿国であるが，企業でも世界1位の長寿国である。

　日経BPコンサルティング・周年事業ラボが世界の企業の創業100年以上，200年以上の企業数を国別に調査した調査（2022年）によると，世界で最も100年企業が多いのは日本で3万7,085社，世界の50.1％を占めた。2位は米国の2万1,822社，3位のドイツは5,290社なのでダントツに多い。創業200年以上に絞っても順位は変わらず，日本は1,388社で，世界の65.2％を占める。この数字を見ると，サステナビリティ経営は日本ではすでに実践されており，結果として長寿となっていることが窺える。

　では，なぜ日本は長寿企業が多いのか。それは，サステナビリティ精神がビジネス文化に馴染んでいるからだと考える。その代表が，近江商人の「三方よし」である。

　近江に本店を置き，江戸から明治にかけて日本各地で活躍した近江商人が大切にしていたのが，買い手よし，売り手よし，世間よし，という「三方よし」の精神だった。これは，日本人であればどこかで聞いたことがあるであろう。近江商人は，この「三方よし」の精神で，自らの利益だけを求めるのではなく，利害関係者にも便益が行き渡るよう，そして世間がよくなるように社会貢献をしていったのである。つまり，「三方よし」は，「商いは自らの利益のみならず，買い手である顧客はもちろん，世の中にとってもいいものであるべきだ」というサステナビリティの考え方にも通じる。

　現代のビジネス現場でも，例えば「win-win」という言葉に代表されるように，自分だけではなく相手も「win」になるような商売を心掛けるということが，日本のビジネス文化にはあると感じる。ただ，この精神はあまりにも暗黙的過ぎて，日本で育ち日本でビジネスをした人間は，価値とも思わずに過ごしているかもしれない。この精神はサステナビリティそのものであり，すでに日本の社会における文化といってもよい。

4　経理財務部門は積極的に サステナビリティに関与しよう

　以上のようなサステナビリティ先進国としての日本の企業において，2で

も述べたように，経理財務部門は非財務も含めた経営管理支援機能を発揮すべきである。この点をもう少し振り下げてみる。

(1) 重要性と継続性

① 重要性の原則

重要性とは，経理財務部門としては会計処理上，当たり前に使う用語であり，また考え方である。会計上において「重要性の原則」とは，重要性が乏しいものには簡便な会計処理方法を認めるものである。この原則は企業会計原則の注解において定められたもので，そこには重要性の判断基準や金額基準は明記されていない。一般的には，量（金額基準）と質（取引の内容や性質）によって判断される。とはいっても，専門外の方には難しい概念である。

2023年6月に国際サステナビリティ基準審議会（ISSB）から「IFRSサステナビリティ開示基準」が公表された。これにより，サステナビリティ開示に関する国際ルールが統一化され，企業開示における比較可能性を高めて，投資参考情報としての価値を高める役割が期待される。このサステナビリティ開示基準においても，会計基準と同様に重要性を適用すべきことが言及されている。しかも，その重要性は，IFRS会計基準の概念フレームワークと整合し，企業価値に対する重要性とされているので，まさに会計処理で適用している重要性と同じである。

具体例を挙げると，連結の範囲である。連結財務諸表を作成するには，連結する子会社・関連会社を検討しなければならない。もちろん，すべての子会社・関連会社について連結することが原則であるが，その連結会社の数が多い場合などは，連結する会社の範囲を重要性の原則で判断する。サステナビリティ開示における連結の範囲（算定の範囲がバリューチェーンという取引先まで含むことが想定されるので，連結という言葉は正確ではないかもしれない）の重要性も，基本的には同じ考え方である。また，決算期が異なる場合の考え方も同様で，例えば算定期日が3か月程度の差異であれば認められるのかどうかなど，会計の考え方は準用できるであろう。

もし，連結の範囲や決算期が異なる場合などを考慮せずに，完全に基準どおりに適用しようとすると，子会社や関連会社などの算定範囲が数多くなり，さ

らにはどの程度まで精緻に算定できるかなどの問題に突き当たってしまい，実務的に対応不可能となってしまうおそれがあるため，必ず会計と同じく許容範囲を考えなければならない。だからといって，重要性を理論的ではない方法で適用すると，サステナビリティ開示数値の信頼性が失われてしまうことになる。よって，例えばサステナビリティ算定範囲に重要性を適用する場合には，論理的に説明可能な判断基準が必要となる。

②　継続性の原則

また，継続性の原則も，サステナビリティ開示基準に当然適用される基準であろう。継続性の原則は，企業会計基準の一般原則に下記のとおり定められている。

> 五　企業会計は，その処理の原則及び手続を毎期継続して適用し，みだりにこれを変更してはならない。

これは，採用した会計方針を原則として毎期継続して適用することを求める原則である。継続性の原則は，2つ以上の会計処理が選択できる場合を前提としており，一方の会計処理をいったん適用したら，毎期継続して適用しなければならず，もし変更するならば合理的な説明が必要となる，というものである。

継続性の原則が定められている理由は，経営者による恣意的な利益操作を排除することと，期間比較可能性を保つためである。会計上では，例えば減価償却方法や引当金算定方法などに適用される。サステナビリティ開示項目の中にも，複数の計算方法が存在することが多くあり，この継続性の原則も，サステナビリティ開示において当然適用されることになるであろう。

(2)　数値の信頼性を担保する内部統制

サステナビリティ開示も経営数値の集計も，当然その数値の信頼性を確保する必要がある。その信頼性を担保する数値を集計する手続について，財務報告に関する内部統制と同じように，サステナビリティ数値についても同様の内部統制が必要となる。

ここでは，細かい説明は省略するが，内部統制に関するそれぞれの統制につ

いて，下記に留意点を挙げてみる。

①　全般統制

　基本的には，全般統制評価42項目に沿って，財務報告にサステナビリティ開示を含め，会計基準や会計処理にサステナビリティ開示基準や算定方法などを追加する。**図表3－2－2**は，企業会計審議会「財務報告に係る内部統制の評価及び監査に関する実施基準」の（参考1）「財務報告に係る全社的な内部統制に関する評価項目の例」に，サステナビリティ関連を加えたもの（下線部分）である。チェックリストとして，実際に自社で確認してもらいたい。

図表3－2－2　サステナビリティ開示に関する全般統制

統制環境

- 経営者は，信頼性のある財務報告（サステナビリティ開示を含む）を重視し，財務報告に係る内部統制の役割を含め，財務報告の基本方針を明確に示しているか。
- 適切な経営理念や倫理規程，サステナビリティ関連の基本概念（環境保護や人的資源の有効活用など）に基づき，社内の制度が設計・運用され，原則を逸脱した行動が発見された場合には，適切に是正が行われるようになっているか。
- 経営者は，適切な会計処理の原則（サステナビリティ開示基準及びそれに準ずる規則等）を選択し，会計上の見積り（サステナビリティ数値算定の根拠となる見積り）等を決定する際の客観的な実施過程を保持しているか。
- 経営者は，サステナビリティ活動が財務状況に影響する場合（コネクティビティ）があることを理解し，財務状況に影響があると判断できるプロセスの設計がされているか。
- 取締役会及び監査役等は，財務報告（サステナビリティ開示を含む）とその内部統制に関し経営者を適切に監督・監視する責任を理解し，実行しているか。
- 経営者は，サステナビリティに特有の内部統制（バリューチェーンの範囲など）について理解し，関連する内部統制の構築及び運用が適切に行われるようにしているか。
- 監査役等は内部監査人及び監査人と適切な連携を図っているか。
- 経営者は，問題があっても指摘しにくい等の組織構造や慣行があると認められる事実が存在する場合に，適切な改善を図っているか。

第3章　企業価値を創造する経理財務部門の機能　　93

- 経営者は，企業内の個々の職能（生産，販売，情報，会計等）及び活動単位に対して，適切な役割分担を定めているか。
- 経営者は，信頼性のある財務報告（サステナビリティ開示を含む）の作成を支えるのに必要な能力を識別し，所要の能力を有する人材を確保・配置しているか。特にサステナビリティ開示に関する人材の確保・配置をしているか。
- 信頼性のある財務報告（サステナビリティ開示を含む）の作成に必要とされる能力の内容は，定期的に見直され，常に適切なものとなっているか。
- 責任の割当てと権限の委任が全ての従業員に対して明確になされているか。
- 従業員等に対する権限と責任の委任は，無制限ではなく，適切な範囲に限定されているか。
- 経営者は，従業員等に職務の遂行に必要となる手段や訓練等を提供し，従業員等の能力を引き出すことを支援しているか。
- 従業員等の勤務評価は，公平で適切なものとなっているか。

リスクの評価と対応

- 信頼性のある財務報告（サステナビリティ開示を含む）の作成のため，適切な階層の経営者，管理者を関与させる有効なサステナビリティ視点を含んだリスク評価の仕組みが存在しているか。
- リスクを識別する作業において，企業の内外の諸要因及び当該要因が信頼性のある財務報告（サステナビリティ開示を含む）の作成に及ぼす影響が適切に考慮されているか。
- 経営者は，組織の変更やITの開発，サステナビリティ関連法制度など，信頼性のある財務報告（サステナビリティ開示を含む）の作成に重要な影響を及ぼす可能性のある変化が発生する都度，リスクを再評価する仕組みを設定し，適切な対応を図っているか。
- 経営者は，不正に関するリスクを検討する際に，単に不正に関する表面的な事実だけでなく，不正を犯させるに至る動機，原因，背景等を踏まえ，適切にリスクを評価し，対応しているか。特にグリーンウォッシング（サステナビリティを偽装させる行為）に対する対策を講じているか。

統制活動

- 信頼性のある財務報告（サステナビリティ開示を含む）の作成に対するリスクに対処して，これを十分に軽減する統制活動を確保するための方針と手続を定めているか。

- 経営者は，信頼性のある財務報告（サステナビリティ開示を含む）の作成に関し，職務の分掌を明確化し，権限や職責を担当者に適切に分担させているか。
- 統制活動に係る責任と説明義務を，リスクが存在する業務単位又は業務プロセスの管理者に適切に帰属させているか。
- サステナビリティ情報収集プロセスが財務データの連結範囲外である場合（バリューチェーンなど），その統制活動の構築や運用が適切に行われているかを確認する手続があるか（外部・内部監査の利用など）。
- 全社的な職務規程や，個々の業務手順を適切に作成しているか。
- 統制活動は業務全体にわたって誠実に実施されているか。
- 統制活動を実施することにより検出された誤謬等は適切に調査され，必要な対応が取られているか。
- 統制活動は，その実行状況を踏まえて，その妥当性が定期的に検証され，必要な改善が行われているか。

情報と伝達
- 信頼性のある財務報告（サステナビリティ開示を含む）の作成に関する経営者の方針や指示が，企業内の全ての者，特に財務報告の作成に関連する者に適切に伝達される体制が整備されているか。
- 会計及び財務並びにサステナビリティに関する情報が，関連する業務プロセスから適切に情報システムに伝達され，適切に利用可能となるような体制が整備されているか。
- 内部統制に関する重要な情報（サステナビリティ情報を算定するプロセスを含む）が円滑に経営者及び組織内の適切な管理者に伝達される体制が整備されているか。
- 経営者，取締役会，監査役等及びその他の関係者の間で，情報が適切に伝達・共有されているか。
- 内部通報の仕組みなど，通常の報告経路から独立した伝達経路が利用できるように設定されているか。
- 内部統制に関する企業外部からの情報を適切に利用し，経営者，取締役会，監査役等に適切に伝達する仕組みとなっているか。

モニタリング
- 日常的モニタリングが，企業の業務活動に適切に組み込まれているか。
- 経営者は，独立的評価の範囲と頻度を，リスクの重要性，内部統制の重要性及

び日常的モニタリングの有効性に応じて適切に調整しているか。また，サステナビリティ情報をバリューチェーン上の取引先から取得している場合の，情報の信頼性確保をどのように行うか検討しているか。

- モニタリングの実施責任者には，業務遂行を行うに足る十分な知識や能力を有する者が指名されているか。
- 経営者は，モニタリングの結果を適時に受領し，適切な検討を行っているか。
- 企業の内外から伝達された内部統制に関する重要な情報は適切に検討され，必要な是正措置が取られているか。
- モニタリングによって得られた内部統制の不備に関する情報は，当該実施過程に係る上位の管理者並びに当該実施過程及び関連する内部統制を管理し是正措置を実施すべき地位にある者に適切に報告されているか。
- 内部統制に係る開示すべき重要な不備等に関する情報は，経営者，取締役会，監査役等に適切に伝達されているか。

ITへの対応

- 経営者は，ITに関する適切な戦略，計画等を定めているか。
- 経営者は，内部統制を整備する際に，IT環境を適切に理解し，これを踏まえた方針を明確に示しているか。
- 経営者は，信頼性のある財務報告（サステナビリティ開示を含む）の作成という目的の達成に対するリスクを低減するため，手作業及びITを用いた統制の利用領域について，適切に判断しているか。
- ITを用いて統制活動を整備する際には，ITを利用することにより生じる新たなリスクが考慮されているか。
- 経営者は，ITに係る全般統制及びITに係る業務処理統制についての方針及び手続を適切に定めているか

② IT統制

IT統制は，主にIT全般統制，ITアプリケーション統制，EUC（End User Computing：スプレッドシート）統制など多岐にわたるが，サステナビリティ開示と従来の財務報告において，特に差異はない。現在，各企業においては，温室効果ガス（GHG）排出量（スコープ1～3），人的資源数値（女性管理職比率，男性の育児休業取得率，男女間賃金格差等）など，サステナビリティ関

連数値を算出する際に確立されたシステムが未整備で，様々な部署から数値を集め，スプレッドシートを用いて手動集計するケースが多いと思われる。よって，重要なIT統制としては，主にEUC統制となろう。

　図表3－2－3は，IT統制に関する確認項目に，サステナビリティに関する留意事項を付記したものである。

図表3－2－3　サステナビリティ開示に関するIT統制

IT全般統制

(1)　組織

- IT部門の役割，責任が適切に定義されているか。また，IT部門に責任を持つ役員および報告先が明確になっており，報告が適時行われているか。
- 全社横断的にIT案件の優先順位が決定されているか。サステナビリティやサイバー攻撃などを含む企業価値の変化に対応した優先順位が決定できる体制（責任者，報告者）があるか。

(2)　開発

- 開発依頼は，文書化された適切な手続（ルール，ガイドライン，マニュアル等の呼称にかかわらず文書化されていること）に基づいて行われ，また，プログラムを実際に変更する担当者が，依頼元からの開発依頼内容を理解しているか。その依頼の過程，および過去の依頼案件が必要に応じて随時確認できるか。
- 適切な権限者によって承認され，開発作業の優先順位が付けられているか。また，変更作業等の進捗管理がなされ，問題等が発生した場合，管理者に報告されるか。また，問題の改善にあたって，現実的な解決方法やスケジュールとしているか。
- 利用部門要件がプログラムに反映され，現行業務処理に悪影響がないことをテストで確認した後に本番環境へ登録されているか。
- 開発環境へのアクセス権限と本番環境上のアクセス権限が分離され，本番システム資源へのアクセスが制限されているか。
- 必要なテストの手順が規定されており，その規定を遵守したテストが実施された後に本番環境に登録されているか。また，本番環境に登録されるプログラムは，プログラムの規模にかかわらず必ずテストされているか。また，承認されたテストが終了し，本番環境に登録するプログラムが確定した後は，承認のない修正は行われていないか。

第3章　企業価値を創造する経理財務部門の機能　97

- プログラム登録は，正しいバージョンのプログラムのみが本番環境に登録されているか。
- 承認を受けないプログラムが本番登録された場合には，すぐに検知され防止できる仕組みがあるか。
- 開発担当者の本番環境へのアクセスが制限されているか。また，アクセス時には，その操作適切性が確認できる仕組みになっているか。
- 緊急本番環境登録等の対応指針・手続が策定されており，定期的に組織内に確認され，必要に応じて実施訓練などが行われているか。
- すべてのコンピュータにおいて，最新かつ同一のプログラムが稼動しているか。
- 利用部門向け文書（マニュアル等）が適切に作成，更新され，利用可能な状態となっているか。
- システムに関する技術文書（仕様書）が適切に作成，更新され，利用可能な状態となっているか。
- 利用部門は，システム利用習熟のための研修を受けているか。

(3)　セキュリティ

- 環境に適合したセキュリティ戦略を立案することにより，より有効なセキュリティ施策を設定しているか。特にサイバー攻撃などによる不慮の事故について，適切な対応が優先的な扱いとされているか。
- セキュリティポリシーの内容が適切なリスク評価に基づいて，セキュリティ施策が設定されているか。また，セキュリティポリシーは，定期的に見直され，環境に適合したポリシー策定をしているか。
- 役職員を含む社員等が，セキュリティに関する諸規定や施策を十分に理解しており，各種セキュリティ施策が徹底されているか。
- 外部業者に対するセキュリティ管理が有効に機能しているか。<u>特にサステナビリティ数値算定を委託する外部業者については，自社の企業情報を守るセキュリティ施策遵守を依頼しているか。</u>
- セキュリティに関する法令等（特に個人情報関係）を認識した上で適切なセキュリティ施策を設定しているか。
- 不正アクセス，セキュリティ事故が発生した場合，IDなどにより個人の特定が可能であるか。組織共通のIDは，個人が特定できず適当ではない。
- IDの登録手続があり，不要なID（退職者，異動者など）は適時に休止しているか。また，IDと連携するパスワードコントロールが有効に機能しているか。
- 一定の時間にシステム操作がない場合，自動ログオフ等によりアクセス管理をしているか。

- 重要性の高いシステムは，より強固なアクセスコントロール（二重パスワード，物理端末認証など）によって保護されているか。
- 高権限コマンド，高権限ID（システム管理者IDなど）の管理を徹底しているか。また，高権限IDの使用を検閲確認（モニタリング）しているか。
- USBなどの可動式ハードディスクによるデータ漏洩防止の対策をしているか。
- システム関連文書の盗難，および盗難による不正アクセス防止を策定しているか。
- サイバー攻撃などの不正アクセスによるデータの破壊・改ざん・漏洩に対応したセキュリティ施策を設定しているか。
- 外部からの不正アクセスを防止，検知できる仕組みがあるか。
- サイトやアプリケーションなど，利用履歴を取れる仕組みがあるか。
- 利用部門のハードウェア，パッケージソフトが適切に導入され，特にEUCやRPAの導入・運用が適切なセキュリティ施策があることをIT部門が確認しているか（サステナビリティ数値算定はスプレッドシート（EUC）を使うことが多いと考えられるため，IT統制が適切に設定・運用されることを確認する必要がある）。
- コンピュータウイルスの感染を防止し，感染時には適切な対応を行うことができる仕組みがあるか。
- システム設定情報が正しいことを，定期的に確認しているか。

(4) 運用

- システム導入会社との契約において，効率的かつ可用性の高いシステム維持ができることを確認しているか。
- ネットワーク関連文書が適切に管理・保管されているか。例えばハードウェア保証書などが適切に管理されているか。
- ネットワークの保守作業を適切に遂行できる環境があるか。外部業者に委託している場合には，外部業者の保守作業が適切に運用できているか，定期的に確認しているか。
- 必要時に確実に復旧できるためのバックアップが用意され，また必要時（緊急時）に，バックアップからの復旧が迅速に行えるよう，定期的に確認・訓練が行われているか。
- ソフトウェアの変更やアップグレード（バージョンアップ）が適切に遂行されているか。
- 問題発生した際に，その対応を迅速かつ適切に行う体制・手順があるか。
- 問題に関する情報が適切に収集され，対応状況の進捗が管理されているか。

ITアプリケーション統制

統制項目	統制内容	統制手順例示
認証	システムが入力者を識別し，すべてのトランザクションが適切な権限に基づいて管理者，従業員により実行されていることを保証する統制	-承認は決裁権限上の承認権限者以外は実行できないように，システム上設定されている。 -システム設定は，システム管理者や利用部門（ユーザー）以外の権限設定者によって実行される。 -自動仕訳入力メニューは，通常はアクセスできないが，アクセスする際には時間制限を設け，さらにその操作を管理する手順となっている。
システム間データ受渡し	システム間でデータ・ファイルの受渡しを自動的に行い，人為的な転記の誤り，漏れ，重複等を予防する統制	-システム間のデータ受渡しを，正確に，漏れなく，重複なく，転送（同期）される。対象は，取引データだけではなく，（取引先など）マスターデータも対象。 -データ受渡しが適切に行われない場合には，その操作が止まる，もしくは再度実施されるなどの，システム設計がされている。
自動計算	プログラム内の計算ロジックに基づいて自動的に計算を行い，人為的な計算誤りを予防する統制	-消費税の自動計算（四捨五入，各取引または合計に対する計算，などの処理含む） -減価償却費の自動計算 -利息を期日計算
妥当性確認＆突合	データをシステム突合することでトランザクションの正当性，正確性，網羅性を確保する統制	-入金情報と請求データの突合および消込処理 -金額による承認権限者処理
入力時制限機能	データ入力時に入力可能項目を制限または入力内容を自動的に検証し，入力データの誤り，漏れ，重複等を予防する統制	-ユーザーによって決められた勘定科目以外は入力できない。 -一定金額以上の伝票入力はできない。 -取引日付は一定の範囲しか入力できない。
自動仕訳	システムに仕訳ルールを事前登録しておき，自動的に仕訳が起こされることで仕訳間違い等が起こらないようにしている統制	-システムにて事前に登録された仕訳設定に従った自動仕訳記帳 -連結時における債権債務消去仕訳の自動仕訳記帳

EUC統制

No	カテゴリ	統制目標
1	アクセスコントロール	ネットワークサーバ上にスプレッドシートを格納し，適切なアクセス制限を割り当てることによってスプレッドシートへのアクセスを制限する。
2	変更統制	スプレッドシートの変更に関するプロセスを確立する。スプレッドシート内のタブの変更の文書化を含む。
3	文書化	スプレッドシート作成の目的と操作を理解するため，適切なレベルのスプレッドシートの文書化を維持し，内容の更新を確実にする。
4	テスト	業務プロセスに直接関与していない者にスプレッドシートを見直させることによって，スプレッドシートの正式なテストを行う。その者にスプレッドシートの処理と関連する出力が意図したとおりに機能していることを確認させる。
5	入力統制	データが完全にかつ正確に入力されていることを確認するため，入力データを原始証票と照合する。
6	データ保護と変更管理	数式やマスターデータなど，データ処理にとって重要な機密事項を有するセルを「ロック」，または保護することによって，スプレッドシートへの不正な変更，または不注意な変更を防ぐ。
7	計算設定の維持管理	重要なスプレッドシートのユーザーまたは開発者以外の者に，スプレッドシートの計算設定を維持管理させる。このレビューは正式に文書化されなければならない。

5 財務への影響

　サステナビリティ関連の非財務項目数値については，最終的にどこまで財務項目に影響を与えるか，また与えた結果としてそれが財務諸表にどう反映されるか，経理財務部門は検討しなければならない。経理財務部門の役割としては，ここが最も重要な課題である。

　この検討については，早稲田大学大学院会計研究科客員教授・柳良平氏が考案した柳モデルによるエーザイの重回帰分析が有名であり（柳氏はエーザイのCFOだった），「ESG経営の定量化」を論理立てて説明することに挑戦している。このモデルは，過去のESG指標と財務数値および株価などを分析して，その関連性を示すものである。ESG数値が向上すると財務数値やPBR（株価純資産倍

率）が向上するなど，企業価値向上の結果を示している。

　経理財務部門としては，このような状況を背景として，細かな会計処理などによる影響，そして企業価値が向上する事業計画策定を誘導していただきたい。

(1)　気候変動による会計処理への影響

　2020年に国際会計基準審議会（IASB）は，IFRS会計基準を適用した財務報告における気候関連の問題やリスクの検討方法についての事例を記載した教育文書を公表している。気候関連リスクは，企業の業務や財務業績に影響を与える可能性があり，現在では財務諸表の作成に関する様々な判断および見積りの基礎となる原則には，気候変動リスク要因が織り込まれる。下記に，財務諸表や注記などで留意すべき点を挙げてみる。

①　有形固定資産

　有形固定資産は，将来の経済的便益に対する費消パターンを予測する方法により耐用年数を算定し，その費消パターンに従って償却する。また，資産の耐用年数および残存価額を実態に即して見積り，少なくとも各事業年度末で見直すこととされている。

　気候変動対応については各国喫緊の課題となっており，場合によってはGHG排出量が一定以上の資産については使用禁止，もしくは企業によっては自主的に使用継続をしないことを決定することもあろう。そうなった場合には，有形固定資産の使用期間に影響を及ぼす。そのような見通しになったところで当該資産の見積耐用年数を再算出し，減価償却期間を再評価するべきである。また，早期除却見込みとなって減価償却期間が短くなった場合，その除却予定時期も変わるため割引計算期間も変わり，資産除去債務の金額が変動する。それと同時に関連する資産も変動する。また，GHG排出量が規制値以上の資産の場合，現に使用できなくなってしまうと，減損の対象となる可能性もある。

②　引当金

　引当金は，実際にはまだ発生していないその費用や損失を当期の費用や損失として前倒し計上し，同額を負債に計上するものをいう。計上の要件としては，

図表3－2－4のとおりである。

図表3－2－4　引当金の計上要件

＜日本基準：企業会計原則注解18＞
① 　将来の特定の費用または損失であること
② 　その発生が当期以前の事象に起因すること
③ 　発生の可能性が高いこと
④ 　その金額を合理的に見積ることができること
＜IFRS会計基準：IAS第37号＞
(a) 　企業が過去の事象の結果として現在の債務（法的または推定的）を有しており，
(b) 　当該債務を決済するために経済的便益を有する資源の流出が必要となる可能性が高く，
(c) 　当該債務の金額について信頼性のある見積りができる場合

　債務性のある引当金については，日本基準，IFRS会計基準ともに計上する必要がある。環境保全制度に適さない操業である場合，または関連資産の廃棄になってしまい，資産除去債務以上の費用の発生が見込まれる場合には，引当金の計上を検討しなければならない。

　また，社会的なサステナビリティ機運の影響により，企業活動そのものを見直さなければならないこともある。気候変動リスク等を踏まえて事業再編を検討する場合などは，サステナビリティ企業活動に伴う組織再編を伴うこともあり，場合によっては会計上リストラクチャリング引当金を計上することにもなるかもしれない。

　今後，ISSBが主導するサステナビリティ基準の整備に伴って，企業による気候変動リスクへの対応などに関する開示が進むことが想定されるが，引当金をはじめとする財務情報にそうしたリスクが正しく計上されていることも，経理財務部門としては留意すべきであろう。

6 CFOからCVOへ

(1) 金銭（Money）から価値（Value）へ

　現在，国際会計士連盟（IFAC：International Federation of Accountants）のPAIB（企業等所属会計士：Professional Accountants In Business）アドバイザリーグループでは，CFOの新しい形として，CVO（最高価値創造責任者：Chief Value Officer）となるべき，と提唱している。これまで述べてきたように，現在の会計はいわゆる財務項目を中心に扱っており，それだけではいわゆる企業価値を正しく表さないという矛盾が生じている。それは，財務会計の価値そのものが下落していることを意味する。サステナビリティやデジタル資産，人的資源など資産計上が難しい企業価値と，気候変動リスクやダイバーシティ対応などの社会的リスクについての負債計上が難しいリスクは，今までどおりの会計処理だけでは財務報告に表せず，資金調達など資本市場，金融市場において，企業・事業評価をする際の情報として完全に不足している。

　一方で，統合報告書は企業価値を表現する広い基盤を提供している。これにより，企業の説明責任，コミュニケーション，透明性が向上し，企業価値を企業がどのように創造しているかについて，投資家や金融機関などをはじめとする利害関係者に適切に伝達することができる。つまり，統合報告書的な思考を企業がすることで，企業価値を財務と非財務を統合して意思決定することができる。

　しかしながら，現在は多くの場合，非財務活動は財務活動とは別に単独で考えられており，それが財務的な価値にどの程度影響を及ぼすか，語られないまま意思決定が行われている。経理財務部門，そしてその最高責任者であるCFOは，非財務が財務に与える影響を含んだ統合思考を企業の中で浸透させることが，1つの大きな役割といえる。そのためには，従来の会計基準思考からビジネス価値創造思考に移行する必要がある。つまり，経理財務部門は「金銭（Money）」取扱部門から，「価値（Value）」創造部門に変革しなければならない。

(2) 統合的思考に基づく価値創造の仕組みづくり

CVOはCFOと何が異なるのか，また，CVOの主な役割は何であろうか。

CVOや経理財務部門は，統合的思考を実践に落とし込むために具体的な行動を起こさなければならない。そのためには，以下の4つの側面から考えていく必要がある。

① 価値を定義する

多くのCFOや経理財務部門とって企業価値は，財務諸表に表されるものである。ただ，現代の価値は，これまで述べてきたように，無形資産やサステナビリティに代表される非財務価値によって構成される面が大きい。金銭的な利益が出ていても社会的に価値を生まないものは，サステナビリティ視点においては価値が低く，そのうち社会的に淘汰されてしまう可能性がある。それこそ，サステナブル（持続可能）ではないということになる。そのような意味でも，価値創造は，顧客，投資家，従業員，仕入先，規制当局など，あらゆる利害関係者との関係によって定義される。価値を定義した後，KPIなどの経営指標を定義して，パフォーマンスとリスクの指標によって測定する。さらには，社内全体に価値創造のための活動としてインセンティブ制度をつくり，行動を推進させる。

② 価値を創造する

金銭的な利益が出ているということは，すでに価値は創造されているといえるが，その本質は，事業が顧客のニーズを満たし，社会に貢献しているということである。ただ，現代の企業価値は，そこに「サステナブル（持続可能）」というものが付け加わらなければならない。さもなくば，いま必要なものであっても社会からは見放され，金銭的な価値も失う。

例えば，原子力発電がその事例といえよう。様々な意見はあるが，2011年の東日本大震災以降，安全確認という名目のもと，原子力発電所が次々と操業を停止している。原子力発電は，そもそも安価で，かつ火力発電よりもCO_2の排出が少ないということで，合理的な発電方法であったが，東日本大震災によっ

て災害リスクをさらけ出してしまった。今後も使い続けられるかについて，つまりサステナブルな発電方法なのかについて，現在でも議論が続いている。また，現代の社会は，人権についても敏感である。ある大手芸能事務所が人権問題でサステナブルでなくなってしまった事件が有名な事例であるが，日本でも頻発しているハラスメント問題などは，企業価値に大きく影響するであろう。

つまり，価値を創造するというのは，サステナビリティなど社会的課題に対応していることが必須であり，むしろ対応していない場合には，価値創造どころか価値が毀損することになる。

ただ，気を付けなければならないのは，企業は，事業活動において経済的利益を得ることで価値を創造しているということである。例えば，事業活動そのものは価値を生んでおらず，だからといってサステナビリティという名のボランティア活動などによってそれを穴埋めするといった思考は危険である。これは，コストだけが発生し，収益を生まないわけであるから，企業体としてサステナブルではない。サステナビリティを意識したボランティア貢献活動などを行う企業は多いようだが，利益を上げる本業においてサステナビリティ視点が重要なのであって，ボランティア活動が本業を上回る価値創造になるということはない。

CFO（CVO）は，利益を生み出すP/L視点と，生み出した利益をさらにレバレッジして増幅させるB/S視点のバランスをうまくとりながら，総合的に企業価値を創造していくことが大きな役割となる。

③　価値の配分・再投資

事業活動が生み出した価値は，競争力のある資産（固定資産，人的資源，ブランド，知的財産など）を創造する。しかしながら，生み出された資産をどのように配分し，再投資していくかの際には，利害関係者の優先順位と経営層の視点がずれている可能性がある。例えば，投資家は短期的な利益の配当を好むかもしれないが，経営層は長期的な視点による事業活動を選択するかもしれない。したがって，様々な利害関係者からの短期的な期待が長期的な選択と見通しにどのように影響するかについて，投資家とコミュニケーションする必要がある。このように，利害関係者の短期的視点と長期的視点の調整も，CFO

（CVO）の重要な役割となる。

④　価値の維持

　いったん企業に価値が創造されると，特にそれが金銭的価値である場合には，どのようにそれを配当するか，またはそれを維持して次の投資原資にするか，経営判断を行うとともに，投資家に対する説明責任が問われる。まさに，現在CFOの役割となっているところである。配当またはその他の経済的利益（株主優待など）を通じて株主に提供される価値は，短期的には株主の要求を満たすことになるが，その価値が社会を犠牲にして生み出されているのであれば，企業はすぐサステナブルではなくなる。

　利害関係者と価値を共有する際に考慮すべき点は，稼いだ現預金をどのように再投資，または株主に還元していくのか，どのような順位付けにするかをCFOが説明する必要がある。これは，まさに価値投資の優先順位付けであり，CFOというよりCVOというに相応しい。

図表３－２－５　価値投資の視点の例示

- 配当政策（株主還元）
- 設備投資
- 税務戦略（国家・社会貢献）
- 従業員の報酬と福利厚生
- 社会的貢献（雇用創出など）
- 環境的貢献（環境保全活動など）

　価値創造に関して，明確にサステナビリティ視点を持つ企業は，すべての主要な利害関係者とのより強力な関係を持ち，投資家にその経営理念を理解してもらい，より大きな信頼を得ることが肝要となる。まさにこれが，CFOに代わるCVOの新しい役割となる。

⑶　サステナビリティ開示の経理財務業務への影響

①　GHG排出量の算定

　サステナビリティ開示基準においては，GHG排出量報告は３つの範囲（スコープ）で実施される。一般的に，GHGプロトコルと呼ばれる国際的な基準を用い，GHG排出量を算定・報告する。GHGプロトコルの特徴は，１つの企業から排出されたGHG排出量（直接排出）だけではなく，サプライチェーン全体における排出量（間接排出）も重視している点であり，企業のバリューチェーン全体のGHG排出量を対象としていることである。これは，自社の事業活動だけではなく，自社の取引による影響までも開示することとなる。この算定をしていくと，自社の社会的影響が見えてくる。

②　報告境界（≒連結範囲）

　上述したように，GHG排出量算定は，企業グループ全体で算定される。会計でいえば「連結」である。ただ，会計上の連結だけではなく，スコープ２やスコープ３のように，自社活動の結果としてGHGを排出しているものや取引先も含むので，会計上の連結とまったく同じではなく，むしろ範囲は広い。なお，GHG排出量算定における算定範囲のことを「報告境界（Reporting Boundary）」と呼んでおり，この組織境界は出資比率（持分割合），経営支配力，財務支配力の３つの手法を用いて判定することとされている。いずれのアプローチを採用した場合も，報告境界内のGHG排出量の算定に用いる報告境界や手法は開示が求められ，さらには継続適用となる。

　また，企業の財務報告と最も相関関係を持たせた上で，比較可能性が高く，かつデータの正確性・完全性を確保できるのは，その法人が財務諸表上子会社として連結されている場合である。組織の財務報告境界，つまり連結範囲がGHG排出量算定と同じ土俵として用いられる場合，排出量データは財務報告と比較可能性があり，さらに整合性もとれる。GHG排出量データの収集において連結範囲を用いる場合も，統一の連結システムの利用により，業務の効率化が図れる。

③　スコープ１およびスコープ２のGHG排出量算定プロセス

　サステナビリティ開示の報告境界が，会計の連結財務諸表の連結範囲と同じ場合，排出量データは財務データと比較可能であり整合性も保つ。このことにより，GHG排出原単位（例：GHG排出量／売上）などの統合KPIを，投資家にとってより整理された情報として分析できる。また，GHG排出量データの収集も，連結会計システムを拡張して利用することより，内部統制上も効率的・効果的な業務プロセスを構築することができる。

　スコープ１およびスコープ２のGHG排出量算定は，消費量の定量的な特定や集計からなり，多くの組織にとって比較的単純明快なデータ収集プロセスである。このような数値は，燃料や電力を電力会社などの請求書に記載されている場合も多い。従来の会計システムや基幹業務システム（ERP）でも，通常，請求書の入力時にこうした数量の取扱いが可能である。多くの会計システムでは，支払請求書に単価，数量および金額をシステムへ入力して，それを仕訳記帳することができるため，既存機能の利用とデータ収集プロセスをさらに拡張することにより，GHG排出量データ収集が可能となる。例えば，GHG排出量算定の対象となる支払請求書がある場合，その入力時にGHG排出量対象となる項目，数量にGHG排出量，単価をゼロに設定することで，支払金額はゼロとなり，またGHG排出量だけを別途データ収集することが可能である。なお，排出量の算定対象範囲は**図表３－２－６**が参考になる。

　このような業務プロセスおよびシステムの利用により，データ収集の内部統制も比較的容易に適用し，また先々適用されると予想されるサステナビリティ開示保証にも対応することができる。

　調達資材や消費サービス等に関連するGHG排出量データ入力と検証が完了すれば，スコープ１およびスコープ２のGHG排出量データの算定が，会計データ収集と同じような手順に基づき可能となる。GHG排出量は，消費量に排出係数を乗じることで算定できる。環境省の温室効果ガス排出量算定・報告・公表制度における算定方法・排出係数は，二酸化炭素（CO_2）を１として，例えばメタン（CH_4）の係数が28，一酸化二窒素（N_2O）の係数が265などとなっており，詳細な一覧表が「温室効果ガス排出量算定・報告マニュアル（Ver5.0）」に掲載されている。

第3章　企業価値を創造する経理財務部門の機能　109

図表3－2－6　サプライチェーン排出量の算定対象範囲

区　分	算定対象に含める範囲（原則）
温室効果ガス	● エネルギー起源CO_2 ● 非エネルギー起源CO_2 ● メタン（CH_4） ● 一酸化二窒素（N_2O） ● ハイドロフルオロカーボン類（HFCs） ● パーフルオロカーボン類（PFCs） ● 六ふっ化硫黄（SF_6） ● 三ふっ化窒素（NF_3） （算定・報告・公表制度における温室効果ガスの種類と同じ）
組織的範囲 （右欄の数字はカテゴリ区分を示します）	［自社］ 　● 自社のすべての部門，すべての事業所 　● 自社の関連会社（連結対象事業者） ［上流］ 　1：原材料，製品等の採掘から製造に至るまでの事業者 　2：自社施設の建設事業者，自社設備の製造事業者 　3：自社に電気・熱を供給する電気事業者，熱供給事業者のサプライチェーンのうち，カテゴリ1，4，5に該当する事業者 　4：原材料，製品等の輸送事業者 　5：自社の廃棄物の輸送・処理を行う事業者 　6：出張で利用する交通事業者 　7：通勤で利用する交通事業者 　8：自社（賃借しているリース資産の使用者） ［下流］ 　9：製造・販売した製品の輸送事業者 　10：販売した製品の加工者 　11：販売した製品の使用者 　12：販売した製品の廃棄時の処理を行う事業者 　13：リースした資産の使用者 　14：フランチャイズの加盟者 　15：投資先の事業者
地理的範囲	● 国内及び海外
活動の種類	● サプライチェーンにおいて，温室効果ガスの排出に関連する全ての活動（カテゴリごとの活動に該当する全ての活動）
時間的範囲	● 1年間の事業活動に係るサプライチェーン排出量

※CO_2以外の温室効果ガス排出量を算定する際には，地球温暖化係数を乗じてCO_2排出量に換算します。

出典：環境省・経済産業省「サプライチェーンを通じた温室効果ガス排出量算定に関する基本ガイドライン（ver.2.4）」（2022年3月）

データの妥当性検証の観点から，重要なポイントは以下の2つである。

- 消費量・生産量データ
- 直近の排出係数

排出する消費や生産データにできるだけ近い情報源から排出量実績データを収集し，既存システム内でできるだけ多くの自動統制化をすることで，GHG排出量データを早期に検証し，必要があれば修正したり，データ収集プロセスを改善することができる。

現在，GHG排出量などのサステナビリティ開示は，会計年度との整合性が求められており，財務報告作成と並列して作業を行うことが想定される。年度決算時に作業負荷が集中しないよう，できるだけ通常の業務プロセスからデータを収集できる仕組みと内部統制を構築しておくことが，サステナビリティ開示に対する備えであろう。

④ スコープ3のGHG排出

スコープ3の排出は，スコープ1および2のように，自社における生産や消費活動という直接的な排出が算定できるものとは異なり，例えば従業員の出張における飛行機搭乗によるGHG排出量算定など間接的な排出となるため，算定そのものが難しくなる。

図表3－2－7　スコープ3カテゴリ

上流カテゴリ	下流カテゴリ
購入した製品・サービス	輸送，配送（下流）
資本財	販売した製品の加工
スコープ1，2に含まれない燃料およびエネルギー関連活動	販売した製品の使用
輸送，配送（上流）	販売した製品の廃棄
事業から出る廃棄物	リース資産（下流）
出張	フランチャイズ
雇用者の通勤	投資
リース資産（上流）	

スコープ３の上流GHG排出は，以下の３つの方法で算定することができる。

---

① 消費ベース手法：カテゴリごとの金銭的消費を算出し，平均排出係数を乗じる方法。最も簡易な算定手法だが，平均値を用いていることから正確性が低い。

② 活動・数量ベース手法：使用された製品・サービスに関する定量データを収集し，数量で定義された平均排出係数を乗じる方法。平均排出係数は，業界団体（国際民間航空機関（ICAO）等）によって提供されている。平均排出係数が提供されており，消費ベース手法と比べ正確である。

③ 取引先固有の手法：仕入先などから基礎データを取得する手法。排出係数は個別の仕入先からのデータに基づき算出する。最も正確に算定可能だが，算定に最も工数を要する。

これらは，採用の仕方によりデータ算出および数値品質，さらに算定コストに違いがある。データ算出品質と算定コストなどを検討し，最も精度よく効率的な手法を選択したい。

⑤ 算定方法について文書化を推奨

スコープ３の算定は，上述したようにスコープ１や２に比べ困難であるのが一般的である。それは，顧客や仕入先において，製品や原材料をどのように使い，また廃棄するのかについて把握することが難しいからである。よって，算定には一定の仮説を立てることになるので，今後の安定的な算定を継続させるためにも，また外部の保証を受けることになる場合に備えて，証跡として文書化を推奨したい。これは，会計処理を決定するときに，その会計処理根拠文書（ポジションペーパー）が必要であることと同じである，

(4) グループレベルのデータ作成

サステナビリティ開示はグループレベルで行う。そうなると，連結会計と同

じ考え方でデータを生成する必要がある。ただし，連結の範囲とサステナビリティ開示のそれとは多少異なり，サステナビリティ開示は「報告境界（Reporting Boundary）」に基づく定義となる（報告境界については上記(3)②参照）。

グループレベルでGHG排出量報告を行う際の効率的な手法の１つとして挙げられるのは，連結データ収集プロセスに乗せて，サステナビリティ基礎データを収集する方法である。もう１つの方法としては，サステナビリティ関連数値を収集するプロセスを改めて構築する方法である。連結会計システムの利用は，財務会計の範囲と数値と合致させることとなるため，必要となる内部統制を準用でき，さらに財務情報との比較可能性を確保できる。

また，数値の信頼性を確保するため，報告元から算定の基礎となる消費データを提供してもらうことを推奨したい。単にGHG排出量だけを報告するだけとなると，数値の正確性や完全性，妥当性の検証ができない。また，スコープ３のデータ収集時には，グループ内での二重計上を避けるため，十分な配慮が必要となる。それぞれの子会社・関連会社から連結する方法をとるか，グループ一元的なシステムによって算定するかのいずれかになるが，いずれにしても連結会計と同様，内部取引消去などを考慮する必要がある。

7 サステナビリティ関連数値を経理財務部門で扱うための準備

経理財務部門にとって，GHGをはじめとしたサステナビリティ関連数値を扱う業務は，場合によってはまったく新しいものとなる。それでは，この新しい業務に対して，どのように経理財務部門は準備していけばよいのか，準備プロセスを示してみる。

(1) 現行の財務会計プロセスを拡大させる

サステナビリティ関連データを収集し報告するため，基本的には現行の財務会計システムとプロセスを拡大させることである。また，現在の内部統制プロセス環境の中にサステナビリティ関連プロセスを設計・運用すればよい。なお，サステナビリティ開示報告は，最終的には会計監査と同じく保証にも対応する

ことになることが想定されるため，サステナビリティ情報は当初から信頼性を確保したい。情報の信頼性確保は，正確性，網羅性，妥当性の確保を総合的に行うことであるが，この考え方は財務報告の信頼性確保と同義であろう。

経理財務部門は，以下の重要分野において自らの知見を活用してもらいたい。

- 開示すべき重要な項目（マテリアリティ）の評価と算定
- 財務会計プロセスとサステナビリティ関連データ収集プロセスとの統合と内部統制の共有
- 現行の内部統制環境と証跡確認環境を拡張し，サステナビリティ関連データの検証プロセスを確保
- マネジメント意思決定情報における財務データとサステナビリティ関連データとの統合

---

(2)　サステナビリティコントローラを創設

まず，経理財務部門でサステナビリティデータ・情報のプロセス構築をするために，サステナビリティコントローラという職種を創設したい。サステナビリティコントローラは，サステナビリティ開示基準における要請事項を理解し，その要請を実行する。さらに財務およびサステナビリティに関するデータ・プロセス・分析を結び付け，組織横断的なサステナビリティ数値の測定と報告に関する仕組みを構築し，高い信頼性と企業価値向上のための有益な経営指標を経営層に届ける責任と役割を負う。

また，サステナビリティコントローラは，ビジネス業務部門と連携し，サステナビリティ関連活動とビジネスを融合させ，KPIや達成インセンティブなどを用いながら，目標を達成する支援を行う。さらに，経理財務部門においては，有機的に財務チームとサステナビリティチームを組織化する。例えば，GHG排出量チームや人的資本チームなど，テーマごとに組成することが想定される。

(3) ガバナンス責任者との連携

　財務会計における粉飾と同じく，サステナビリティ情報開示において，特に留意しなければならないのはグリーンウォッシング（Greenwashing）である。グリーンウォッシングとは，環境に配慮した，またはエコなイメージを思わせる「グリーン」と，ごまかしや上辺だけという意味の「ホワイトウォッシュ」を組み合わせた造語であり，環境に配慮しているように見せかけて，実態はそうではなく，環境意識の高い消費者に誤解を与えるようなことを指す。企業がブランドイメージを向上させたいという理由により，虚偽の「強み」を過度に表現したり，環境や人々の体によい影響を与えているわけではないのに，身体によさそうなイメージを宣伝するなどの行為をいう。

　このような不適切な企業活動や情報開示を牽制するためにも，リスクおよびマテリアリティの評価の際には，ガバナンス責任者である社外役員や内部監査部門に関与してもらい，関連数値作成プロセスの適切な運用を確認，牽制してもらうことが必要であろう。そのためには，社外役員や内部監査部門に，サステナビリティ数値作成プロセスを十分に理解することと，数値そのものの内容をある程度理解してもらうことが必要である。さらに，当該分野の重大なリスクと，その数値報告による事業への影響を検討し，適切なサステナビリティ活動が推進されるよう，誘導してもらいたい。場合によっては，サステナビリティ数値の評価がビジネスモデルを変え，企業価値に大きく影響する可能性もある。

　GHG排出量に関するデータを財務会計プロセス，システムおよびルールと一体化することは，経営層に対する経営情報報告にサステナビリティ関連情報を含むことを可能とするための最適な方法である。これにより，例えばサステナビリティ情報開示における数値を算出するにあたっての重要な判断・仮定および見積りを把握することが確保できるのである。

(4) サステナビリティ関連マニュアルの整備

　リスクとマテリアリティの評価結果により，収集すべきデータを定義することが可能となる。財務会計マニュアルと同じく，測定されるべき単位，データ収集の責任部門，データ収集の証跡要件などを定義する。これは，原則的にグ

ループレベルの財務会計マニュアルなどと同じような形式で作成することにより，データ品質の確保をするためにも必要である。このいわゆる「サステナビリティマニュアル」の作成とメンテナンスは，前述したサステナビリティコントローラの主要な役割でもある。そして，このマニュアルは，企業が，どのように，どんな理由でサステナビリティデータを測定するのか，また算定するための仮定や見積技法を裏付けるものとなる。

(5)　勘定科目を定義する

　サステナビリティ情報と財務情報は，情報の信頼性という観点で同質でなければならない。これを実現させるための最も容易でコストのかからない方法は，現行の財務会計システムまたは基幹業務システム（ERP）を拡張利用し，またグループレベルでは連結会計システムを拡張利用することである。グループの各会社に既存システムを利用してもらうためにも，前述したサステナビリティマニュアルを整備し，サステナビリティ専用勘定科目や入力項目（数量，単位）などを別途追加する。サステナビリティデータを財務データとともに収集することにより，高品質のデータを確保することが保証できる。

(6)　サステナビリティデータ収集に関する研修

　サステナビリティマニュアルが作成され，業務プロセスが整備されたら，担当する従業員に対して研修を実施する。特にサステナビリティ数値の測定方法と算出方法，そしてそれらの信頼性の確保の方法（証跡の確認方法）について研修する。例えば，請求書の何を見れば，GHG排出源を確認でき，また単位は何になり，算出係数に何を使えばよいのかなど，業務プロセスを運用する上で必要な知識を，組織内に浸透させる。

　なお，サステナビリティに精通している従業員の場合には，データの信頼性を確保するための内部統制の仕組みなどを理解してもらえるように努めたい。また，研修時などで組織内における担当者同士でコミュニケーションを図れるようにして，実際に運用した際に，誰がどの担当で，また問題が起こったときに誰に連絡を取ればよいのか，相互認識できるようにするとよい。特にサステナビリティデータ収集業務が成熟するまでは，担当者の力量によってしまう面

があるため，組織内における相互コミュニケーションが重要である。

(7) サステナビリティデータ収集プロセスの内部統制の整備・運用

サステナビリティデータ収集プロセスには，内部統制の整備・運用は不可欠である。財務報告に関わる内部統制と同じ仕組み・考え方でよい。そして，財務報告プロセスの内部統制と同じく，ガバナンス責任者（社外役員や内部監査部門など）が，その内部統制を評価する。そうすることで，サステナビリティデータ品質の信頼性を確保し，外部報告だけではなく，意思決定の土台としてこのデータを使用する経営層に信頼感を与えることができる。今後，外部監査人による保証業務制度が導入されたとしても，容易かつ迅速に対応できる。

(8) サステナビリティデータ収集および報告プロセスの継続的な改善

サステナビリティデータの収集と報告は，少なくとも年次報告時に年1回実施することで，継続的な学びのプロセスとすべきである。プロセスに続いて行われる参加者全員との知識共有機会の場を設けると，潜在的なミスの修正に役立ち，さらに適切なプロセスとして改善される。また，リスクとマテリアリティの評価も毎年実施し，見積り，単位換算および排出係数の確認も行うべきである。

なお，全体として必要以上に複雑化しないことが重要であり，したがって，改善は費用効果を考えて行い，意思決定に有用であるためには，収集，報告される情報が十分であるべきだが，多すぎても対応ができない。最終的には，企業価値を向上させる何らかの企業行動がとられるためのデータ収集および開示，分析となることが重要となる。サステナビリティ開示だけのための業務になってしまわないよう，企業活動と同期するように経理財務部門として推進していくことが，経理財務部門が組織内で貢献する価値を確立するためにも重要であろう。

第3節 データマネジメント機能

　（2023年現在）筆者が委員を務めている国際会計士連盟（IFAC）の企業内職業会計士アドバイザリーグループ（PAIBAG）では，継続して経理財務部門の将来機能について討議している。その中の1つとして，データマネジメント機能が挙げられている。データマネジメント機能とは，データにまつわるあらゆる機能を経理財務部門の役割とすべきというものである。ここでいうデータとは，財務データだけではなく，非財務データも含む。また，外部公表データだけではなく，企業内部データも含む。現代の企業経営においては，データドリブンといわれるほどデータに依存しており，逆にいえば，データなしでは適切な経営や投資などあらゆる経済行動ができない。このデータを，正確に作成し，信頼性を持たせることが経理財務部門の主な役割となるべきというのが本質である。

　図表3－8－1は，IFACで定義されている「経理財務部門が関与すべき主要なデータ分野」である。

1　データガバナンスによるデータ信頼性確保

　経理財務部門は，常にデータ（数値）と向き合わなければならない部署であり，それは過去も将来も変わらないであろう。その中で，データが「正しい」ことについては，相当敏感に対応しているはずである。そのような意味では，データガバナンスは経理財務部門の伝統的役割といってよい。逆にいえば，扱う財務データ（数値）が正しいことを常に検証しているノウハウが経理財務部門には根付いている。

　ただ，ここで注目すべきは，財務項目だけでなく非財務項目についても，そのデータの信頼性を確保すべきであるという点にある。今後，経営においても開示においても，非財務項目が企業価値を表す重要な指標となれば，当然にそ

図表3-8-1 経理財務部門が関与すべき主要なデータ分野

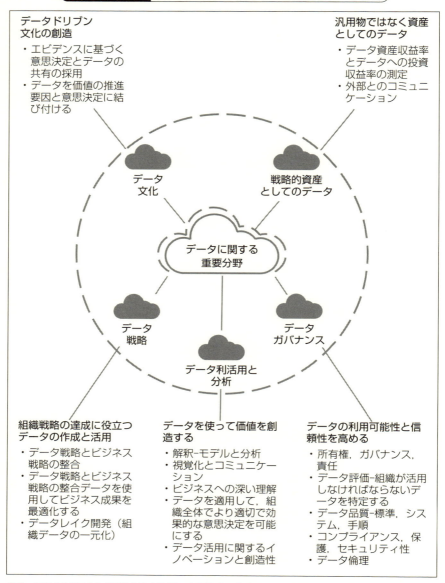

出典：IFAC PAIBAG（国際会計士連盟　企業等所属会計士アドバイザリーグループ）の会議資料を筆者が加筆編集

のデータの信頼性はますます高まるであろう。その意味で，データガバナンスという経理財務部門が培ってきたノウハウは，組織全体に活用すべきであろう。

(1) データ管理責任の所在を明らかに

デジタル時代となり，組織内外から様々なデータが届く。財務データは主に組織内にて生成されるものであり，データ管理責任は経理財務部門であることが多い。しかしながら，非財務データとなると，例えばCO_2排出量や男女比率などは，経理財務部門以外で生成，管理されているのが普通である。そのようなデータを開示するとなると，データ生成部門と開示部門が別々となるケースもある。

このように，データが組織をまたいで伝達される場合，どこでそのデータが生成され，管理するのかについて明確にしておく必要がある。例えば，今後その根拠について説明が必要となったときに，データ生成部門に問い合わせをする必要があるし，またデータが組織を横断する際にデータが変更されたり改ざんされたりすることがないよう，データ管理責任部署などを明確にしておく必要がある。

(2) 組織が利活用できるデータに加工

これはすでに経理財務部門で行っている業務ではあるが，ニーズに合わせたデータ加工を施す必要がある。例えば，IRなど外部資料用，経営会議などの内部資料用，税務申告などの当局提出用などである。経理財務部門には，データ利用者にわかりやすく，かつ信頼性の高い高品質のデータを提供する役割がある。

(3) データの品質管理

データは当然，その正確性が担保される必要がある。そのためには，そのデータがどのような基準に基づき生成・加工されているのか，そのデータ生成されるシステムや内部統制について，確認するべきである。これは，財務・非財務関係なく重要な管理視点である。

また，セキュリティ管理も大事な視点である。セキュリティというと，不正

アクセスやサイバー攻撃への対応と考え，IT部門が主導的に管理すべきと思われがちだが，アクセス権管理などはデータの品質管理に大きく依存する。ERPなどの全社横断的な基幹システムにおけるアクセス権管理は，IT部門により行われることが多いが，経理財務部門が取り扱うデータは，部門によって管理されるシステムやスプレッドシート，RPAなどによって加工されたデータも多い。これらのデータについてのアクセス権管理も重要となる。これらのデータは，外部開示や経営会議など社内における重要会議の基礎データとなることが多く，データ漏洩しないよう，また不正に加工がされないよう，アクセス権管理も全社基幹システムと同じレベルで整備・運用されなければならない。

　従来，経理財務部門は，会計システムや連結パッケージなど，財務データが中心のシステムやツールなどに限定してデータ管理を行ってきた。ただ，非財務データを含むとなると，これらのアクセス権管理も当然検討する必要がある。その場合における一番簡単な方法は，従来用いているシステムやツールに，非財務データを含めることである。例えば，連結パッケージ内に財務データだけではなく非財務データも含めることができれば，従来と同じようなアクセス権管理をすることができる。

　データ利用者は，例えば会議において提出されたデータに一部誤りがあると，その他にも誤りがあるかもしれないと疑心暗鬼になり，そうなると提出されたデータに対する信頼を失い，そのデータに基づいた会議による討議や分析などにも意味がないと考えてしまう。結果として，適時に意思決定ができない，企業としての活動を推進することができない，といった事態になりかねない。よって，今後データに基づく経営をより進めていくためにも，経理財務部門がデータの信頼性を確保すべく，データ品質管理責任部署としての役割を果たしたい。

(4)　リスクマネジメントの一環

　経理財務部門における役割の1つにリスクマネジメントがある（詳細は別章参照）。近年の企業経営環境においては，データの増大は避けられない。しかし，同時に企業リスクの増大という課題ももたらす。

> ＜データ関連のリスク例＞
> ➤ データ真偽とデータ種類混在による意思決定の混乱
> ➤ データ分析の客観性欠如
> ➤ データ漏洩による社会的信頼失墜

　特に，コロナ禍後のリモート環境では，デジタル化，さらにはデータ中心の業務に依存することになり，リスクマネジメントの中でもデータガバナンスはその重要度を増している。経理財務部門が従来持っている財務データに対するデータガバナンスに対するスキルと経験（内部統制対応を含む）は，企業全体のデータガバナンスに十分応用できる。よって，データ真偽確認や品質管理，さらにデータ証跡，BCP（事業継続計画）に至るまで，経理財務部門が主導できる。

　なお，データ可視化とデータ分析によっても，リスクマネジメントの有効性と効率性は大きく改善できる。ただし，データ可視化はできるだけ主観的に加工されていない生データの利用，データ分析もできるだけ主観的な分析を制限したデータ分析が必要であり，その意味でも特に経営層による意思決定におけるデータ利活用については，経理財務部門が関与することは重要である。

⑸　高い倫理観は必須条件

　テクノロジーの著しい進化は，経理財務部門が関与する業務にも大きな影響を与え，例えば生成AIやRPAなどが発達してくると，人間による業務をシステムが代替し，人間からは見えないブラックボックス業務が増加する。経理財務業務は高い効率性が求められることから，このようなシステム化は以前から進んでおり，会計システムなどでは，伝票入力をすれば自動的に総勘定元帳が生成されるのは当たり前になっている。その意味するところは，伝票入力と総勘定元帳生成の間はブラックボックスであり，もしこれらを不正に機能させると，ブラックボックス化しているがゆえに，発見が難しいということである。不正は悪意を持って働くものであり，不正行為の防止は最終的には人の倫理観に依存する。

例えば，事業計画や経営意思決定に用いるデータなどについて，ビッグデータなどを検討させたAIを用いる企業がある。また，最近ではChatGPTなどの生成AIが登場し，企業や官公庁などが積極的に採用している。これらから出力されるデータについては，人間が判断した上で利用していると考えられるが，これらAIに読み込ませるデータを意図的なデータとすれば，AIから出力されるデータをコントロールできることになる。経理財務業務の場合，のれんや固定資産などの評価に将来キャッシュフローを用いるが，このデータをAIで生成した場合，その根拠を辿ることは難しい。システム技術者によるアルゴリズム解析により，場合によっては不正を解明することはできるかもしれないが，すべての場合にシステム技術者によるアルゴリズム解析を用いることは実務上難しい。

よって，適切にテクノロジーを使いこなすための大前提として，高い倫理観は必要条件となる。ただし，テクノロジーの進化に伴い，不正リスクも変化しており，これらについても経理財務部門は敏感になるべきであろう。倫理全般については別の章にて取り上げているので，詳細についてはそちらを参照してほしい。

2 データ利活用による価値創造

データは，いうまでもなく収集するだけでは意味がない。収集されたデータを分析し，価値向上につなげるために利活用することが重要である。そのためのシステム整備を進める企業も多いが，データを収集するためには，それなりの事前のデータ入力が必要であり，人手がかかったり，そのためのデータインターフェースを整備したりと，コストがかかる。また，データ分析のためのデータウェアハウスなどを整備しても，ユーザーが使いこなせず，宝の持ち腐れとなっていることも多い。今後，経理財務部門がデータ中心の業務を推進し，組織内で存在感を上げていくためには，データをいかに有効活用するかが一番の鍵といっても過言ではない。

(1) ビジネスモデル，経営スタイルとデータ利活用

　ビジネスモデルや経営スタイルによって，データの利活用方法は大きく異なる。例えば，消費者に近いBtoC型企業は，実際の売上が消費者嗜好を反映しており，適時の売上データが重要となる。一方，企業に製造機械などを販売しているBtoB型企業では，適時の売上データよりも受注データが重要となる。なぜならば，受注データがそのまま後日に売上になり，売上予測の重要な基礎データとなるからである。

　また，日本企業の意思決定方式は一般的に「合議型」であり，会議で様々な実務事項を決定することが多い。これは，社員の合意を大事にして，組織としての一体感を重要視している文化の表れでもある。一方，外資系企業などは，一般的に個人の役割と責任が明確であり，個人が適時に判断をして業務を遂行する，いわゆる「ジョブ型」である。会議は合議決定するための場というよりも，方針の検討や確認が中心となる。前者の「合議型」では，データ分析や利活用場面は，会議ではなく個人の業務内にある。会議で決議をとるためのデータ分析を会議前に行い，会議では参加者に検討事項の背景や理由がわかる資料としてデータ分析資料を提出する。一方，後者の「ジョブ型」では，業務遂行は個人の役割と責任に委ねられているため，会議においてデータ分析を行い，方針の検討や確認のディスカッションが行われる。

　筆者は外資系企業の勤務経験があるが，基本的にデータ利活用については，一般的な日系企業とは大きな差があると感じた。以下に紹介してみる。

① 外資系企業のデータ利活用

　外資系企業では，いわゆる「ジョブ型」で役割と責任が明確なので，個々の判断で業務が進む。よって，「合議型」の場合のように，会議で検討し決定をするわけではないので，会議参加者が検討事項の検討をするための資料をあえて提示する必要がない。会議で利用するデータは，基幹システムのような会社の正式なシステムを直接見て討議を行う。つまり，営業会議などで現在の受注状況や売上実績について討議する際には，その関連データを参照することになるが，そのためには受注や売上データがリアルタイムに入力されていることが

前提となる。業務プロセスとしても，事業活動がリアルタイムに入力されていることを前提として，そこに反映されていないものは検討や意思決定の対象とはならない。もし，実際に受注しているにもかかわらず入力されていないとすれば，その会議で入力遅れと言い訳しても，それは勘案されない。むしろ，なぜリアルタイムに入力しないのかということになり，業務責任者の信用を失うことになる。

　また，上述したように，会社の正式なシステムを直接見て，そのデータで討議を行うため，わざわざスプレッドシートなどで加工されたデータは使わない。もし使うとしても，会社の正式なシステムと合致できるデータに限られる。これにより，加工による手間と誤謬リスクを排除しているのである。

②　何が自社に合致しているか

「合議型」と「ジョブ型」のどちらがよいかという議論をしたいわけではない。これは経営スタイルであり，ビジネスモデルなどとも関係している。例えば，リアルタイムに様々な経営行動を決定しなければならないとすれば，システムの生データを見ながら議論したほうがいいし，企業向けの製造機械を扱うメーカーのような場合には，リアルタイムの生データよりも，見やすい加工されたデータのほうがよいかもしれない。その企業が最も企業価値を向上できるものを選べばよい。

　ただ，留意すべきは，例えばシステムベンダーが外資系企業である場合には，「ジョブ型」を想定したものになっているということである。そのベンダーやコンサルティング会社の提案は，いかにも先進的で「そうあるべき」と思わせることも多いが，冷静に自社のビジネスモデルや経営スタイルを考えたときに，果たしてそれが最適なシステム選択となるかは，よく検討すべきであろう。もちろん，経営の変革をするための切り札（トリガー）として，システムを使い変革することも大いに有効であるが，本当にそれが必要か，また自社が適用（変革）できる「キャパシティ」「文化」があるか，検討すべきであろう。

　データ経営を推進するために，BI（Business Intelligence，データ分析ツール）などを導入することをシステムベンダーから推奨されるが，システム機能の先進性だけではなく，自社のビジネスモデルや経営スタイルに合致したシス

テム導入を検討したい。

(2) データ可視化によるコミュニケーション変革

テクノロジーが進化し，システムが拡張すると，データの可視化が拡大する。例えば，今まではグループ子会社の取引データを見ることができなかったものが，ERPを各拠点サーバーからシングルインスタンス（単一サーバー管理）に変えると，取引明細まですべて見ることができるようになる。これは，サーバー処理機能の高性能化とネットワークの高速化というテクノロジーの進化により実現されたものである。

データ（情報）が可視化されると，組織内におけるコミュニケーションの仕方が変わる。今までは，データの組織内伝達に時間もかかり，また伝達中に情報が歪曲されるなど，情報の伝達にムラがあった。ただ，これにより，いわゆる中間管理職は，組織内への情報伝達と実行指示やモニタリングという存在意義があった。また，不都合な情報は伝えないというコントロールもできた。

データが可視化されると，加工しない生データ（情報）が，一気に組織内に浸透することになる。これにより，中間管理職によるデータ伝達という役割は消え，その代わり，データ説明責任を組織上層部が負うことになる。特に，不都合な情報については，組織内外からの説明を求められる。説明責任を求められた場合，「カンと経験です」では通用しない。客観的なデータを用いた論理的な説明が必要となろう。

つまり，データの可視化がコミュニケーション変革をもたらすのである。だからといって，データを可視化しない，という方向性は組織における情報と伝達の効率性を下げることになり，健全な経営を阻害することになる。現代社会においては，「隠す」よりも「公正公明に説明する」ほうが，価値が高いのである。

経理財務部門においては，この説明責任を果たすことができるよう，常にデータ分析を行い，事実の本質を捉えるようにしておくこと，ビジネスへの洞察力を磨くことが重要である。

(3)　モニタリングへのデータ利用

　会計監査など外部監査などですでに手続化されているが，いわゆる異常取引の発見にデータを有効利用する「仕訳テスト」という手続がある。監査基準報告書240「財務諸表監査における不正」において，この仕訳テストが求められている。これは，経営者による内部統制の無効化に関係したリスク対応手続とされているが，一般的な内部監査などにも適用できる。

　この報告書では，下記データについて留意すべきとしている。

- 取引とは無関係な，またはほとんど使用されない勘定を利用した仕訳入力
- 入力担当者以外によって入力された仕訳入力
- 期末または締切後の仕訳入力のうち，摘要欄の説明が不十分な仕訳入力
- 未登録の勘定科目を用いて行われる仕訳入力
- 同じ数字が並ぶ数値を含んでいる仕訳入力（例えば，0000や9999）
- 非定型な仕訳入力や修正入力

　不正発見は経理財務部門の大きな役割であり，このようなデータ利活用は今すぐにでも実施可能であろう。特に，業務システム（販売，購買など）から流入する大量のデータは，経理財務部門で不適切な取引がなかったかモニタリングすべきであり，経営層からもそのように期待されている。ガバナンスという観点から，企業価値向上に貢献できる業務であろう。

3　データ戦略によりデータドリブン経営を推進

　現代の経営が「カンと経験」だけでは通用しないことには，誰しも疑いはない。ただ，ビジネスにおいてどのようにデータを利活用すべきかは，経営層の大部分は学問として学習していないと考えられる。データ戦略とは，組織として達成したい戦略目標に対してどのようにデータを利活用していくべきなのか

の道筋を立てることであり，その策定においては，①企業として目指すべき姿や現状の課題を明確にする，②目指すべき姿への到達や課題の解決のためにはどのようなデータが必要なのかを考える，③そのデータから何が明らかになればいいのかを考える，という手順で進める。

(1)　ビジネス戦略とデータ戦略の整合

　そもそも，なぜデータ戦略が重要になってきているかというと，企業活動に対してデータを活用することが，売上や利益の増加に貢献することが明らかになってきているからである。経理財務部門では，このデータ戦略を主導または支援する役割を担い，売上や利益など経理財務データと連携し，また企業価値と結び付けて，データ戦略として策定すべきである。データ戦略の実装は，一般的に下記のようなPDCAサイクルが想定される。

①　計画（Plan）
まずは，データを経営にどう活かしていくのかを明確にする。

【目的の例】
- 売上の増加
- コストの削減
- 資産稼働率の向上
- リクルーティング（採用活動の最適化）
- ブランドイメージの向上

　上記でいえば，リクルーティングやブランドイメージの向上は，一見すると経理財務業務とは関係がないと考えがちであるが，まさにこれらのデータは非財務データによる企業価値に直結するものである。例えば，リクルーティングは組織内男女比率などダイバーシティに結び付けるための活動だったり，ブランドイメージは顧客満足度などを測定する活動だったりと，すべては企業価値に結び付く。できるだけそれらのデータが企業価値を向上させるためのデータ

として利活用できるように，主導または支援するべきである。

　何のためにデータを活用するかを明確にしたら，具体的に分析したいテーマを決め，KPIを設定する。例えば，売上の増加を目的とするのであれば，新規顧客の獲得数や，既存顧客のリピート率・購入頻度・１回当たりの購入単価・解約率などのKPIが設定できる。

②　実行（Do）

　KPIを決定したら，必要になるデータを決めて収集を始めていく。データの収集方法は，大きく分けて下記の２つがある。
　ａ．自社で収集
　ｂ．他社のデータ利用
　自社で収集する場合は，部署や部門ごとに点在しているデータを集約する必要がある。例えば，リード（コンタクトできた先）獲得までのデータはマーケティング部門に，商談のデータは営業部門に，顧客管理のデータはカスタマーサポート部門にといったように，一連のマーケティングフローのデータが各部門に点在していたりするが，これらのデータを統合し，一連のフローとして見える化する。自社で収集できないデータに関しては，他社のデータを利用する必要がある。例えば，ブランドイメージの向上を目的としてデータ戦略を進める場合，企業やブランドに関する顧客満足度を調査する必要があるかもしれない。こういった場合には，マーケティング会社や調査会社に依頼をしてデータ収集をしていくことになる。

　データ戦略の実行初期段階では，各部署に点在しているデータを収集・整備することから始めなければならない場合が多い。よって，経理財務部門としては，このデータ戦略がいかに企業価値を高めるかを具体的に示し，経営層を巻き込みながら，トップダウンで全社的にデータ戦略を進めていくことを主導または支援していく役割を果たすべきである。

③　分析（Check）

　必要なデータが収集できたら，実際にデータ分析を行う。ここで重要なのが，データの分析に特化したチームや組織を作ることである。その際のチームメン

バーは，多様な部署から集めたり，また外部の人材を混在させてもよい。肝心なのは，分析に客観性を確保することである。例えば，仮に特定部門の担当者のみでデータ分析してしまうと，データを恣意的に見てしまう可能性がある。分析の結果，目標が達成できないのは，自部門の責任ではなく他部門の責任であるといった見方もできてしまい，こうなると目標の達成どころではなく，責任のなすり付け合いになってしまうだけになる。このような事態に陥らないためにも，客観的にデータを分析するチームが必要になるのである。データの分析に高い専門性が必要であれば，新たにデータアナリストを採用する，または外部の分析パートナーと組むといった動きが必要である。

④ 課題解決（Action）

データを分析した結果，見えてきた課題に対して，施策を立案し実行する。

なお，データ戦略を進めていく場合，データを活用するのは必ずしもデータの見方に精通した人材とは限らない。現場担当者もデータを活用し，日々の業務に活かしていくことができるようにするためにも，誰でもデータを見やすくなるよう整備し，データ分析に特化したチーム・組織と現場との連携を強化することが必要となる。

データの分析によって導き出された施策が，必ずしも最終的な目標達成に結び付かない場合もある。よって，施策の実行後には，設定したKPIに対する実績値を定期的に比較する。また，課題の解決につながっていないのであれば，施策の何が問題だったのかを社内で議論し，施策そのものの改善へとつなげていく必要がある。

(2) データレイク構築

データウェアハウスは聞いたことがあっても，データレイクは聞いたことがない方も多いであろう。データウェアハウスとデータレイクは，どちらも，企業内のデータを蓄積・格納し，一元管理するためのデータシステムを指す。データレイクとデータウェアハウスは，「データを格納する」という点については同じ役割だが，その目的や強みは大きく異なる。

データウェアハウスは，社内の各種アプリケーションやデータベースに保管

された規則性を持った構造化データを収集し，あらかじめ定められた形に蓄積・格納する。データウェアハウスでは，データの利用目的が事前に決まっており，その目的のために最適化された形でのデータが蓄積・格納されるため，データ抽出・分析といった作業を素早く実施することが可能となる。ただ，定型的なデータ形式となるため，拡張性に欠け，変化の激しい現代において陳腐化が早く，その陳腐化更新のための時間とコストがかかるデメリットがある。

　一方，データレイクは，収集した生のデータを加工することなく蓄積・格納する。業務システムで扱う構造化データだけではなく，画像や動画，音声というような規則性を持たない非構造データ化データも含み，そのデータが必要になった時に，利用者のニーズに合わせて活用できるよう，そのまま保管する。つまり，いつか魚（データ）を活用できるようにそのままの姿で泳がせておくための巨大な湖（レイク）ということである。

　データレイクは，利用目的が定義されていない生データを保管するため，自分で設定した目的に応じて柔軟に活用することが可能であり，AIなどの機械学習などと組み合わせることで，データから新たな考察を得ることができるというメリットがある。データや情報が加速度的に増え続ける現代において，定型的に定義したデータウェアハウスだけでは対応できないなどのニーズに適合している。データレイクは文字や数値などのテキストデータだけではなく，画像や動画なども含むため，データ格納容量が膨大になり，その膨大となったデータを分析する性能（スピード）に影響がある可能性があるが，これも現代のテクノロジー進化により，格納サーバーやCPU，メモリの高性能低コスト化により，実現したものである。

　なお，データレイクはデータ蓄積・格納に自由度がある反面，データを闇雲に保管した結果，どこに何があるのかわからない状態に陥ることになる。それを回避するためには，データカタログを適用するとよい。これは，データを蓄積し，更新する際に，カタログのようにタイトルや概要，出所，鮮度やファイル形式といった補助データを付与し管理することであり，利用者はこのカタログを参照することで，必要なデータをすぐに見つけることができる。

4 データ文化：データドリブン経営を推進する企業文化

　データ文化は，上記 3「データ戦略」で記述したデータドリブン経営を推進する企業文化を醸成することである。例えば，経営層がデータドリブン経営を推進しようとしても，組織全体がその重要性を認識していなければ，その実行がままならない。データドリブン経営において，そのPDCAサイクルがビジネスに対し大きな影響を与えることが組織全体に浸透すると，その技術と戦略の実効性に信頼が生まれ，活力や勢いの源となる。つまり，データドリブン経営を有効に機能させるのが，データ文化なのである。

　データ文化を浸透させるための経理財務部門の役割としては，すでに上述しているように「証拠に基づく客観的かつ信頼性のあるデータ提供」と「KGIとKPIとの連携」を主導もしくは支援することである。これらを推進する方法として，パフォーマンスダッシュボードを構築することが挙げられる。ダッシュボードに売上や利益，クライアント数といった数字を掲載する。データに精通していない人の目を引くために，ダッシュボードにインパクトのある指標を設置し，バニティメトリクス（見栄えはよいが，それ以上の洞察やアクションに結び付かない指標のこと。ユーザー数やレビューの数など）を仕掛ける。これにより，社員同士の会話のネタとなり，「データ」そのものへの抵抗感を減らすことにも役立つ。全社向けのダッシュボードにこのような数字を入れておくと従業員のデータに対する関心を高めることでき，究極的にはデータ文化の定着化にもつながる効果がある。

　なお，パフォーマンスダッシュボードには，内容のわかりやすい画面で，かつ利用者が理解しやすいような説明を付け加えるようにしたい。従業員にとって魅力的で，業務に関わりがあり，常に最新のデータを表示するダッシュボードにすることで，データ文化を浸透させる有効なツールとなる。

5 戦略的資産としてのデータ

　会計基準上，資産の定義は「過去の取引または事象の結果として，報告主体

が支配している経済的資源」（日本基準），「過去の事象の結果として報告企業が支配する現在の経済的資源」（IFRS）と定義されている。会計学的には，資産とは，会社の経済主体に帰属する将来の便益をもたらす潜在力と定義されているが，利益をもたらす可能性のあるものすべてが資産となるわけではなく，貨幣額で評価できる利益を生み出す確実性が大きいものだけが資産となる。つまり，金銭的価値で測定できないものは，資産に計上できない。これに代表されるのが，「自己創設のれん」や「人的資本」である。つまり，財務諸表の資産には，非財務項目資産は計上できない。

　非財務項目が企業価値創造に大きく貢献するとなれば，金銭的価値に測定できなくても，企業資産として取り扱うべきであろう。データ資産は，その代表的なものといえる。例えば，近年のシステムプロジェクトでは，最初の段階でデータ資産の棚卸しが実施されることが多い。企業によるデータの収集・蓄積・保管方法は，データ戦略そのものであるからである。多くの場合，システム設計書やデータ定義書などの設計書を中心に確認し，そこで把握されたデータ群をデータ資産と捉え，それをもとにシステムプロジェクト関連の各施策の検討，実施を進めていく。

(1)　データ資産から企業価値創造を模索

　データ資産とは，企業や組織が収集したデータであり，顧客情報，事業計画，社内システムのソースコードなどがその一例である。インターネット革命以前は，企業価値は多くの場合，有形資産を中心に評価されており，例えば，土地や建物，工場，所有している機械など，物理的かつ金銭で測定できる価値が主流であった。しかし，インターネットの普及により，ソーシャルメディア，検索エンジン，クラウドなどが台頭し，企業にとってデータは金銭的価値の測定は難しいものの，価値ある資産として認識されている。

　データが有形資産と異なる点は，有形資産は基本的に減価償却するように，経年劣化していくことが通常であるのに対して，無形資産であるデータ資産は恒久的に成長するという点である。全世界で日々膨大な量のデータが生成されており，今後もデータ量は加速度的に増えていく。中には無意味に思えるデータでも，それらのデータが蓄積されることで，新たな資産価値を生んでいく。

代表的なのが，検索エンジンサイトである。検索エンジンは通常無料で利用できるが，その運営は主に検索エンジンへの広告収入で賄われている。つまり，検索エンジンが充実すればするほど利用者が多くなり，資産価値を生む。それが広告収入を生むというサイクルとなっているのである。

企業が保有するデータが「データ資産」といえるには，下記のような要件がある。

> ➢ データが企業独自に収集されたものであること
> ➢ データ量が多いこと
> ➢ データ利活用頻度が高いこと

膨大なデータを確保し，データから利益を得る技術を活用すれば，企業にとって様々なデータが価値の高い資産となりうる。経理財務部門では，このような企業価値を創造するデータが組織内にないか常にアンテナを張り，財務諸表には反映できなくても，例えば事業売却など組織再編時には，データ資産リストを即時に用意できるようにしたい。

(2) データ資産評価

データは，ヒト・モノ・カネに次ぐ第4の資産といわれるようになって久しい。それでは，このデータ資産をどのように評価すればよいのであろうか。

データマネジメントの知識が体系的にまとめられた『DMBOK（Data Management Body of Knowledge）第2版』の第3章「データガバナンス」には，データ資産評価について，下記が記述されている。

> ➢ データ資産評価とは，組織におけるデータの経済的価値を理解し測定するプロセスである。
> ➢ データは抽象的な概念であるため，他の経済的な影響と同じように考えることは難しい。

> ➤ データは他の資産と異なり，代替可能なものではない。
> ➤ データの価値を理解する鍵は，その利用方法と利用によってもたらされる価値を把握することにある。

　例えば顧客データは，顧客そのもののデータだけではなく，購買履歴や嗜好などの顧客に関連するデータを含む場合が多い。この顧客に関するデータが充実したものであり，また，このデータを分析し次の購買行動につながるような有効な施策など"データ利活用する方法"を持っているだけでも競争上の差別化要因となろう。結果として売上・利益が増加すれば，企業価値創造に貢献することになる。

　一方，データは価値を創造するだけではなく，取得したり維持・管理するコストもかかる。同じくDMBOKにも以下のように書かれている。

> ➤ データライフサイクルのフェーズ（データ取得，格納，管理，廃棄）ではコストが発生する。
> ➤ データは利用された時のみ価値をもたらすが，データが利用されるとリスク管理に関連するコストも発生する。
> ➤ よって，データを利用することの経済的利益がデータの取得と保管のコストや使用に関するリスク管理のコストを上回る場合に，価値がもたらされる。

　上述したように，データ価値測定には，価値創造部分（収益）とコスト（費用）を考慮して考えるべきであろう。具体的な検討項目として，DMBOKでは下記が紹介されている。

> ➤ 修復コスト：災害やデータ侵害で失われたデータの書き換えや回復コスト。

第3章 企業価値を創造する経理財務部門の機能 135

> 市場価値：合併や買収時の事業資産としてのデータ価値。
> 既知の好機：データで特定された好機を生かすことから得られる収益の価値。データを取引に利用することやデータ販売することにより得られる。
> データの販売：データを商品としてパッケージ化したり，得られた知見を販売したりする。
> リスク対応コスト：法的リスクや規制上のリスクから導かれる潜在的な罰金，修復コスト，訴訟費用に基づく評価。

　価値創造部分（収益）については，外部に見積りを取らなければ客観的に金銭的価値を測定することは難しい。例えば，データ販売見積りなどは可能ではあるが，自社のデータを外部業者に提出するのはデータ漏洩などの心配もあり，ハードルが高いかもしれない。また，自社の中でデータを利用した際に得られる利益を測定するといっても，それも具体的な算定は難しい。よって，一番測定しやすいのは，不十分な情報によって生じる業務上の損失額を見積もることであろう。業務上必要なデータの欠落，データ品質の劣化を埋めるためのコストが，そのデータの価値ともいえる。データ資産価値を見積もることにより，データ品質管理やデータガバナンスへの投資対効果を正当化できるともいえる。
　また，データを維持・管理すること自体はリスクを含んでいる。例えば法規制という観点では，個人情報保護法などはデータの取扱いの正確性や妥当性，機密性の確保を求めており，違反した場合は大きな罰則が科せられる。また，消費者は自らの情報がどのように扱われているかをより強く意識するようになってきており，法律違反でなくとも不適切な取扱いがなされていると感じた場合，対象企業の製品購入を控えるといった行動が想定される。このようなリスクコストも，同じく投資対効果を正当化できるともいえる。
　このように，データマネジメントの維持・管理やリスクヘッジするためのデータマネジメントコストを算定することで，データ価値評価の測定をサポートできる。もちろん，データの売買価格を直接算定しているわけではないので，正確な（財務上の）価値であるかを客観的に評価することは難しいが，少なく

とも企業としてどの程度の価値があるのか参考にすることができる。

第4節 リスクマネジメントとガバナンス機能

　リスクマネジメントやガバナンスは，経理財務部門にとって常に期待されている機能であると認識する必要がある。ビジネス事業部門が売上と利益という，視覚的な企業価値貢献をするのに対して，経理財務部門などは，非視覚的な企業価値貢献が中心となる（財務コストや税効果などによる金銭的な貢献はあるが，あくまでビジネス事業部門による売上と利益があることが前提である）。よって，経理財務部門としては，企業価値に対して客観的視点を持ち，事業活動環境のVUCA（Volatility（変動性），Uncertainty（不確実性），Complexity（複雑性），Ambiguity（曖昧性））への対応と，自社の目標達成を支援するような形で，リスクマネジメントに有益な知見を提供するガバナンス機能提供部門として認識されなければならない。

　なお，いうまでもないが，企業の成功には，リスクを取り，ビジネス好機をつかみ取る必要がある。リスクマネジメントとガバナンスという役割は，単なるリスク軽減ではなく，長期的な企業価値創造とその維持に資するリスクと機会の効果的なバランスを促進し，円滑に進めることにある。こうした役割を果たすには，リスクの軽減と管理の必要性に加えて，合理的なリスクテイクのメリットに目を向ける必要がある。リスクマネジメントでは，意思決定における今後の企業活動パターンをいくつか示し，そのリスクが実現する可能性とその損失（財務，非財務を含めて）を客観的に裏付ける情報の取得・生成とその分析を行うことが必要なのである。

　企業はビジネスモデルや業務に対する複雑で相互に絡み合ったリスクに対処しなければならず，効果的なリスクマネジメントとガバナンス施策の必要性がかつてないほど高まっている。マクロ経済や地政学的な不確実性，デジタル変革，サイバーセキュリティ，気候変動などは特に重大な不確実性をもたらす。実際，多くの企業ではリスクマネジメントやガバナンス策定が遅れており，い

まではリスク認識と対応が後手に回るケースが多い。リスクマネジメントは，コア・コンピタンス（競合他社を圧倒するレベルの高い能力，競合他社が真似ることのできない確固とした能力）や戦略的資産とみなされておらず，通常は各部署で実施されていることが多い。その結果として，リスクマネジメント施策は効果がない非効率なものとなり，意思決定に価値を与え不確実性に対応するものとは考えられていない。

1　3線モデル（スリーラインズモデル）

　米国に本拠を置く内部監査人協会（IIA：The Institute of Internal Auditors）は，2020年7月20日に改訂版の3線モデル（スリーラインズモデル）を公表した。従来は，3線防衛モデル（スリーラインズ・オブ・ディフェンス）と呼ばれていたが，今回の改訂で「防衛（ディフェンス）」を削除して，単に「3線モデル」とした。これは，リスクマネジメントは単なる「防衛（ディフェン

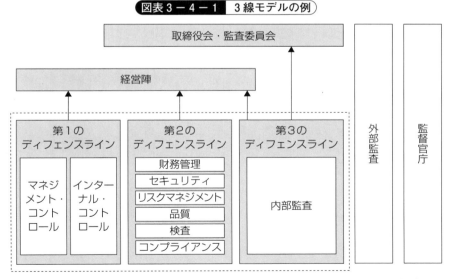

図表3－4－1　3線モデルの例

出典：吉藤茂（2018）「MUFGのRisk Appetite FrameworkとThree Lines of Defense」（講演資料）より抜粋（当該図はIIA Position Paper（2013）より作成されたもの）。

ス）」ではなく，組織が価値創造をするためのものであることを示唆している。

この3線モデルにおけるそれぞれの役割は，下記のとおりである。

1線：リスクオーナー（主にビジネス執行部門）

ビジネス執行部門は，自らが収益を生み出す事業活動に起因するリスクの発生源であり，リスクマネジメントに第一義的な責任があることを認識し，主体的・自律的な意識のもとで業務を実施する。

2線：リスク管理部署（主に管理部門）

リスク管理部門は，事業部門の自律的なリスク管理に対して，独立した立場から専門的見地や先進的な取組みの導入など1線を支援する役割を担う。

3線：内部監査（主に監査委員会や内部監査部門）

監査委員会や内部監査部門は，事業部門や管理部門から独立した立場で，コンプライアンスやリスクマネジメントについて検証し，経営陣に対し不備を指摘して是正を求め，あるいは管理態勢の改善等について経営陣に助言することが期待される。

この3線モデルにおいて経理財務部門は，「2線」の役割と考えられる。それでは，経理財務部門が考えるべき実務はどうあるべきか。

2 リスク軽減から不確実性の管理へ

まず，実務に役立つビジネスパートナーとして貢献するために，リスクマネジメントの本質と課題を理解しておく必要がある。現代におけるリスクマネジメントの課題は，リスクマネジメントに対する理解が組織全般的に乏しく，その結果として様々な解釈やアプローチが生まれ，それが個人の資質や経験，または組織上の役職などによって異なってしまうことである。つまり，全社的な視点におけるリスクマネジメントが十分ではない点である。これは，特に金融機関以外の事業会社で顕著に見られる。例えば，財務関連分野では，リスクの

測定と評価は，いまでも貸倒損失やマネーロンダリングなどの不正回避を目的としたアプローチが主流であるが，このアプローチではリスクマネジメント範囲が狭すぎて，例えばサイバーリスク，ハラスメントなどの労務リスク，BCPリスク，さらには気候変動リスクなど将来の不確実性マネジメントを範囲に含んでいない。

　また，リスクマネジメントは，ある事象や活動を促進するためではなく，予防（危機への対応等）のためのプロセスと見られることが多いが，リスクマネジメント活動をリスク軽減という視点のみから実施することは，コストが上昇するだけで，企業のリスクに対する耐久性向上やリスク回避につながる根本的な方策にはならない。

　リスクマネジメントと内部統制との関係において，特に財務報告については，上場企業がJ-SOXなどにおける対応を法的に義務付けられていることから，虚偽記載リスクについては敏感に対応している。その際の目的として，虚偽記載リスク軽減・防止という観点で対応しているため，リスクマネジメントが価値創造の要因であることとか，リスクテイクを促進する思考にはなりにくいかもしれない。

　リスクマネジメントの基本的な考え方として，具体的な事象を対象としたリスク軽減・防止として考えるのではなく，「不確実性が目標に与える影響」として定義付ける。したがって，本質的にリスクマネジメントとは，不確実性の中における意思決定を下すことに対して，それを阻害する要因を評価し，対応することである。つまり，リスクマネジメントをプロセス化するとすれば，企業活動の結果に影響を与える可能性のある不確実性を評価・識別し，その対応・実施を図ることとなる。

　最終的に経営層においては，経営リスクが企業戦略にどう影響するかをリスクマネジメントにより深く理解し，さらに企業における様々なレベルで戦略と活動に影響しうるリスクに積極的に対応することで，組織の事業活動に自信を与える。具体的には，取締役会および経営層による全社的なリスクアプローチを監督することは，リスクマネジメントの実践を企業文化の一部とし，組織全体が具体的なリスクに対して適切に責任を負う後押しとなる。

3 内部統制

　内部統制は，ガバナンスの実践である。経理財務部門における内部統制といえばJ-SOXであるが，J-SOXが財務報告に関わる内部統制に焦点を当てているため，いわゆる財務項目に関連する全般統制や業務プロセスが対象となっている。しかし，制度という文脈ではなく，その本質に根ざし，企業の健全かつ効率的な事業活動を支えるものとして，また企業価値を最大化するために取り組みたい。

　以下では，業務プロセス内部統制の3要素に基づき，説明する。

- 正確性（Accuracy）：データや情報が正確であることを担保する手続。例えば，システム入力時に原始帳票と入力後データを確認（金額，勘定科目，伝票日付など）する，計算が正確であることを確認する，など。
- 網羅性（Completeness）：データや情報が網羅していることを担保する手続。なお，「網羅」とは，「漏れていない」と「重複していない」の両方を指す。例えば，入力するべき件数と実際に入力された件数の確認，システム間のデータ送信時（インターフェース）における送信元と送信先のデータ数確認，など。
- 妥当性（Authorization）：データや情報が会社として認められていること

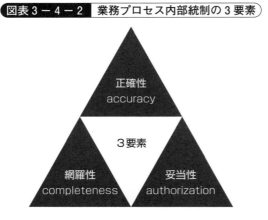

図表3－4－2　業務プロセス内部統制の3要素

を担保する手続。例えば，請求書や経費精算などの社内承認，取引開始時における取引先登録承認，など。

(1) 「網羅性」確保がデジタル化プロセスのカギ

デジタル化が進み業務プロセスも電子化が浸透しているが，その際に留意すべきは「網羅性」である。デジタル化・電子化により「正確性」は間違いなく向上する。むしろ，「正確性」を確保することがデジタル化・電子化といっても過言ではない。

しかし，デジタル化・電子化は「網羅性」の担保について留意してほしい。その理由は，データは簡単に複製ができ，データ重複リスクが大きく，その結果，従来の手動手続における「網羅性」の手続では十分に機能しない。例えば手動手続では，紙伝票や紙帳票に連番や「入力済」などのハンコなどを押すことにより，漏れがないこと，重複しないことなどを目で確認できた。ただ，デジタルでは同じような手続をすることはできない。

近年のデジタル化が進んだことで，網羅性のエラーは企業で頻発している。例えば，支払請求書をPDF添付してメールにより送付するケースで，複数の関係者に送った結果，受け取った担当者がそれぞれ社内支払手続を進めてしまい，支払が重複してしまったといったケースがある。また，経費精算において領収書をスマホのカメラで写して，それを電子帳票として取り扱う場合，スマホ画像は電子データであるため簡単に複製が可能であり，同一画像による電子帳票で複数人が同時に経費精算してしまうといった不正も可能なのである。これは，網羅性の内部統制が甘い場合における隙をついた不正である。

このように，デジタル化・電子化が進んだ場合，この「網羅性」の確保が抜けてしまうことがあるので，「網羅性」を確保する内部統制を改めて構築することに留意したい。

(2) 「妥当性」の留意点

「妥当性」の確保についても，デジタル化・電子化が進んだ場合の留意点が多い。「妥当性」を担保する手続の多くは，「承認」である。日本においては従来「ハンコ」が承認の証であったが，最近では「電子承認」が進んでおり，承

認者が「ボタン」を押すことで承認手続が済む。

① ハンコの偽造

　ただ，この「妥当性」を担保する手続においても，デジタル時代には留意しなければならない点がある。「ハンコの偽造」である。コロナ禍でリモート環境が浸透してくると，ハンコを押すためだけに出社することが批判を浴び，ハンコをデジタル化してPDFや電子画像にして，取引先とやり取りすることが標準となってきている。ただ，ハンコをデジタルにすることは，ハンコ偽装リスクがある。例えば，請求書をデジタル化するために，ハンコを含んだ請求書や契約書をPDFや電子画像にした場合，画像ソフトでハンコ部分を切り取って，偽造した請求書にそのハンコ部分を貼りつければ，ハンコ自体を偽造できる。

　ハンコは，それこそ「唯一性」があるからこそ，それが正規の書類であることを証明する「妥当性」担保の1つの手段として有効ではあるが，デジタル化した結果，このように複製が簡単に可能になると不正リスクが高くなってしまい，それならば，むしろハンコを利用しないほうが，ガバナンス上のリスクが低いとさえ考えられる。ハンコそのものに「唯一性」がなく，内部統制として「妥当性」を担保する手段として有効でないならば，「妥当性」を確保するために別の手続を構築する必要がある。例えば，電子署名や，IDやパスワードでアクセスする「電子ポスト」に投函してもらう，などの手段に代替するなど，検討すべきであろう。

② 自動承認機能をうまく活用する

　最近のシステムには，自動承認機能が付されていることがある。指定した一定条件を満たした場合に，承認が自動的に行われるといった機能である。経費精算システムなどに，この機能が付されていることがある。

　その目的は，業務効率化にある。経費精算は，場合によっては取引数が多くなり，また金額もそこまで大きくないものも多いため，上長が明細を見ずに承認をしてしまうことも多い。そうなると，内部統制として有効な運用ではなくなってしまう。しかし，すべての明細を確認して承認すると，承認をする上長

にとってみても，業務負担が大きい。システムによっては，承認を効率的に行うため，「すべてを選択」→「承認」といった機能を持っていることもある。

自動承認機能は，例えば電車代の精算において，ネット上で電車などのルート検索ソフトなどと連携して電車運賃が計算され，電車運賃が申請された金額と合致すれば自動承認される，といった機能である。その場合には，特に運賃金額に関する間違いはなく，また近距離の営業活動については特に「異常がなければ」承認してもよい。これを自動承認にして業務効率化を図ることは，合理的であるといえよう。

ここで，特に留意すべきは「異常がなければ」という点である。自動承認機能を使う場合には，自動承認するための条件よりも，自動承認しない条件を設定すべきという点に着目したい。これがリスクマネジメントの一環となる。経費精算におけるリスクマネジメントは，当然ながら不正な経費精算を防止する，という目的であり，それを達成するためには，不正としてどのようなケースに発生しやすいのか，それを自動承認しないシステム設定とすればよい。

例えば，下記のような設定が考えられる。

> ➤ （土日祝日が休業日となっている会社の場合）土日祝日の経費精算（私的費用リスク）
> ➤ 同じ日時，同じルート，同じ金額が重複申請している場合（領収書など複製して利用しているリスク）
> ➤ 接待交際費が同日に2件申請されている場合（虚偽の領収書によって申請されているリスク）

自動承認機能の使用で確認するべき申請に着目することで，効率的かつ効果的な承認行為，つまり「妥当性」の手続が有効に機能することになる。このように，デジタル機能は積極的に利用したいが，その際には場合によっては従来とは異なった発想（妥当性を検証するというよりも，不当なものになるリスクが高いものに着目など）により，内部統制手続を構築するとよい。

第 **4** 章

次世代の経理財務部門の組織と人材

第1節 次世代の経理財務部門の組織作り

　これまでも述べてきたように，企業価値を創造する経理財務部門は，従来の事務管理部門とは異なる考え方で組織を構築するとよい。その場合，経理財務部門の役割と責任，そしてどのような価値に貢献するかを再定義し，今後の方向性を描くことから始めたい。その際の検討事項を下記に挙げてみる。

1 事務系作業の集約：アウトソーシング／シェアードサービスの活用

　従来の経理財務部門における伝統的な業務の1つに記帳がある。この記帳という事務系の作業については，アウトソーシングもしくはシェアードサービスを活用することで効率化を進めることができる。近年，経理財務人材が不足しているが，その解決のための手段にもなり，さらに業務品質の確保にも貢献する。

　これらを進めるためには，業務プロセスを細かく分析し，「作業単位」に落とし込む必要がある。この分析作業を省略して，現状をそのまま移管するといった「丸投げ」体制では，効率的・効果的な成果を出すことはできない。それでは，作業分析はどのように行えばよいのか。

　アウトソーシングやシェアードサービスを利活用する際には，作業手順を明確化する必要がある。**図表4－1－1**は，業務内容を把握するためのフォーマット例である。アウトソーシングやシェアードサービスを進める場合には，ぜひサービス提供者と共有していただきたい。

第4章 次世代の経理財務部門の組織と人材 147

図表4－1－1 作業分析フォーマットの例

会計アウトソーシング調査票		
請求プロセス	売上請求書	作成
		チェックおよび承認（請求書と基礎資料等との照合）
		送付（電子・郵送）
		記帳（売掛金／売上）－手動データアップロード
		記帳（売掛金／売上）－手動入力
	入金消込	得意先別取引毎記帳（現預金／売掛金）　※補助元帳消込み
		総勘定元帳仕訳のみ記帳（現預金／売掛金）
経費／支払プロセス	支払請求書	支払依頼書（伝票）作成
	仕入／経費請求書	チェックおよび承認（支払請求書と基礎資料等との照合）
		記帳（費用勘定／買掛金，未払金）
	従業員経費精算	経費精算伝票作成
		チェックおよび承認（経費精算表（伝票）と領収書等との照合）
		記帳（費用勘定／従業員未払金）
	支払処理	支払データ作成およびネットバンキング対応
		記帳（買掛金，未払金，従業員未払金／現預金）
有形固定資産プロセス	取得処理	
	除却処理	
	減価償却費計上	
財務プロセス	預金	記帳（利息，税金支払，その他）
	借入金等	記帳（返済等）
	小口現金	記帳（経費勘定など／小口現金，その他）
給与プロセス	給与計算	源泉税・社会保険料等計算含む
	給与処理	記帳（給与関連勘定／未払金，預り金）
	支払処理	支払データ作成およびネットバンキング対応
		記帳（未払金，預り金／現預金）＜給与支払＞
		記帳（未払金，預り金／現預金）＜源泉所得税支払＞
		記帳（未払金，預り金／現預金）＜社会保険支払＞
賞与プロセス	賞与計算	源泉税・社会保険料等計算含む
	賞与処理	記帳（給与関連勘定／未払金，預り金）
	支払処理	支払データ作成およびネットバンキング対応
		記帳（未払金，預り金／現預金）＜給与支払＞
		記帳（未払金，預り金／現預金）＜源泉所得税支払＞
		記帳（未払金，預り金／現預金）＜社会保険支払＞
単体決算	経過勘定	未払費用・前払費用等
	引当金	
	未払税金	
	税効果	
	退職給付	
	各種・評価（減損を含む）	
	その他	
連結決算	連結精算表作成	
	連結仕訳	相殺消去（債権債務等）
		内部利益消去
		持分法
		その他

また，このような作業分析をする際には，下記の点に留意したい。

①　入力（手動）

原始帳票や仕訳伝票のシステム入力項目。入力の正確性確認作業（日付，勘定科目，部門コード，金額などの項目）も含む。

②　データアップロード

上流システムなどがある場合に，インターフェースなどを用いたデータアップロード項目。元データとアップロードされたデータとの確認作業（アップロードデータ合計件数，合計金額など）も含む。なお，APIが装備されている場合には，多くの場合に正確性確認機能があるため，エラー時に手動修正作業が発生することがある。

③　妥当性の確認（簡単な判断を伴う確認）

勘定科目，税区分や稟議規程などと合致しているかの確認。例えば，経費精算であれば，接待交際費と会議費の区別，軽減税率適用区別，当該取引が稟議規程に合致したプロセスを通しているか，など。なお，アウトソーシングやシェアードサービスによる承認作業は，あくまで社内ルールや法律，基準などに合致しているかの確認となり，例えば不正支出などの発見は難しい。しかしながら，これらのサービスは社外の人間の目で確認作業が機械的に行われるため，忖度が働きにくく，不正に対する牽制にもなる。

④　難易度の高い作業

減損，税効果，退職給付，引当金などの決算仕訳については，基準や作業に高い難易度・複雑性が含まれる。これらは，アウトソーシングやシェアードサービスではなく，後述 2 で取り上げるCoE（Center of Excellence：専門家チーム）という組織で行うか，外部専門家の利用が望ましい。

⑤ プロセス標準化

　グループ全体の効率化を目指すためのシェアードサービスについては、全体最適化のためのプロセス標準化が進まなければ、業務効率化にはあまり効果がない。ただ、日本企業では、このプロセス標準化が苦手な場合もある。なぜならば、プロセス標準化はトップダウン的にプロセスを構築しなければ進まないが、合議決定を重要視する企業文化がそれを阻む。また、管理職は、プロセスをどのように構築したら効率的かつ効果的であるかを知識として学習していない場合も多く、現場スタッフがやりやすいような手続になりがちである。そうなると、現場スタッフの部分最適になり、プロセス標準化による全体最適となる視点からは遠くなっていく。

　プロセス標準化のコツとしては、下記が挙げられる。

- 手続を細分化した上で、作業のパターンを分類する。

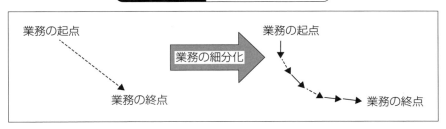

図表4−1−2　業務細分化のイメージ

- 作業工数を削減するのではなく、作業難易度（作業単価）を下げることを優先する。作業工数が増加しても、作業単価が低くなれば、全体的には業務コストの低下に貢献する。

図表4−1−3　作業単価優先のイメージ

P（作業単価）↓　×　Q（作業工数）↑　＝　業務コスト↓

- 発生頻度が低い事象については，標準化の検討はしない。むしろ，標準化により例外事象の作業工数が増加しても構わない。発生頻度が低い事象は，標準化することでパターン化の増加にもつながり，処理エラーも多くなりがちとなるためである。このような例外処理は，例えばDX化ではなく，手作業で工数をかけたほうが効率的であり，全体最適に寄与する。

⑥　少人数拠点の場合

　よく外資系企業が，本社以外の，特に少人数である拠点に対し，会計事務所などを使ってアウトソーシングをする場合がある。この目的は，もちろん少人数組織に経理や財務などの重要な機能すべてを社内人材で具備することは困難であるという面もあるが，外部に委託することでガバナンス機能が補填されるという面もある。ガバナンスをそれだけ重視し，ある意味内製化するよりも，場合によっては費用がかかるアウトソーシングを利用するという経営判断をすることがある。つまり，ガバナンスがそれだけ企業価値に影響すると考えているのである。

　また，子会社・関連会社の経理財務部門は，本社の経理財務部門が直轄したい。日本企業においては，その子会社・関連会社の経理財務部門も，親会社から派遣された社長の管轄下にある場合が多く，本社の経理財務部門が直轄する場合が少ない。そのため，本社の経理財務部門が主導する業務標準化が進まず，アウトソーシングやシェアードサービスなどが上手に進まない場合が多い。外資系企業では，子会社などの経理財務部門は本社のCFOや経理財務部門からの直轄となっている場合が多く，子会社・関連会社のプロセス標準化が進み，アウトソーシングやシェアードサービスが本社主導で推進されやすい環境にある。

2　専門性の高い業務の集約：CoE（Center of Excellence）

　「CoE」とはCenter of Excellenceの略で，専門家チームを指す。経理財務業務は，記帳のような作業中心となるものから，決算作業など難しい判断を伴うものまで幅が広い。このような難易度・複雑性の高い業務を，グループ内の子

第4章 次世代の経理財務部門の組織と人材　151

会社・関連会社でそれぞれ組織化し機能させることは，かなり難しい。よって，優秀な人材・ノウハウなどの経営リソースを横断的組織として1か所に集約することで，難易度・複雑性の高い業務の効率化・スピードアップを図ることを目的としている。

(1) CoEの主な役割とその効果

① 高度な判断の社内統一化

日本基準でもIFRS会計基準でも，「会計処理の統一化」，すなわち同じ経済事象であれば同じ会計処理をすることが要請されている。ただ，IFRS会計基準やIFRS会計基準の多くを転換している日本基準のコンセプトは原則主義であり，細則の会計処理については企業に委ねられている。よって，どのように会計処理をするべきかについては，自社で統一した見解が必要となる。そのような意味で，このCoEが特に難解・複雑な会計処理について，統一的な会計処理を自社グループ内に示す役割を果たすことは重要となる。

また，財務会計だけではなく，管理会計や経営管理でも同様な機能を果たすことができる。例えば，経営数値目標（KPI）や非財務数値などについての定義統一化など，経営数値全般の定義について社内統一にも貢献できる。

② 業務プロセスの構築と標準化

CoEは，内部統制の効いた業務プロセスを企業グループ全体に浸透させるための，業務プロセスの構築と標準化を手掛ける役割も担う。具体的には，「マニュアルの整備」「不要な業務や分担の見直し」「業務の見える化」などを行う。

現代企業の業務プロセスは，ほとんどシステム中心であり，システムの機能などについても管理することにより，全体最適の業務プロセスが構築できる。なお，近年はデジタル化が著しいが，デジタル化における内部統制も，グループ全体に浸透させることで効率化とガバナンスを一気に向上させるなど，企業価値に大きく役に立てる部分である。

③ 人材育成と社内変革促進

現代における企業経営では，特定の分野の深い基礎知識を持ちながら，他の

分野にも幅広い知識を身につけた横断型人材が求められる。特に社内変革をするような業務の場合には，横断型人材による部門の壁を越えた行動が期待される。こうした横断型人材を社内で育成するには，1つの業務に深く関わった後，ジョブローテーションで様々な部署を経験させることで，より広い業務知識を習得することができる。

CoEに経理財務人材を所属させることにより，他部門との交流を深め，それが業務知識の蓄積を生み，社内変革促進につながる。日系企業の場合には，経営企画部門がこの役割を担っているかもしれないが，経理財務部門においても同様な役割を果たすCoEチームを結成することで，様々な社内変革，特に最近ではサステナビリティ対応やデジタル変革について進めることができる人材と組織を育成できる。

④　組織横断的な視点の醸成

CoEの導入に伴い，組織横断的な業務プロセスのあり方や会計処理の統一化を検討するうちに，業務連携についての整理を行うことになる。特に日系企業は，官公庁などに代表されるように縦割り意識が強く，なかなか横連携が苦手である。それゆえに，組織横断的な業務の専門部署として経営企画部門が存在している。標準化の妨げとなる部門特有の業務プロセスや，部門内で個々に行っているリスク管理などは，全体最適化に向けた取組みを強化することが可能となる。このような取組みにより，ムリ・ムラ・ムダをなくし，業務負荷軽減も期待できる。

⑤　情報の見える化によるガバナンス促進

組織横断的な視点で全体最適化を進めると同時に，情報の見える化も自動的に促進する。部門内にとどまっていた不都合な情報が全社的に見える化されることで，ガバナンス推進にも役立つからである。

また，情報が溢れる時代ということもあり，正確な情報を公平・公正に伝達することも重要である。例えばメールやスプレッドシートなどを使って人間が加工する情報共有は，途中に人が関与することによって，情報が歪む可能性がある。よって，全社最適のために共有すべき情報は，公式のシステムに業務プ

ロセスとして導入し，人為的な情報加工を避け，システムによって自動的に情報共有化されることが望ましい。

例えば，顧客管理システム（CRM：Customer Relationship Management）などによって顧客とのコミュニケーション履歴を自動的に見える化することで，不適切な顧客との関係や契約などについて牽制を効かせることもできる。情報の見える化が促進されることで，社内の活性化やコミュニケーション力の向上ができ，企業経営にとって大きなメリットが生まれる。

⑥　課題解決のスピード化と効率化

組織横断的な課題を解決する場合には，全社の現状把握と課題解決のための知恵を結集させて取り組むことが必要となる。また，解決案だけではなく，それを実行して具現化するための，プロジェクトマネジメントスキルも必要となる。そのような人材をCoEに集めることで，課題解決をスピード化・効率化することができる。

CoEは場合によっては，本社だけに設置するのではなく，テーマや課題などに従って，例えば地区本社（例：米国地区，アジア地区など）や特定の子会社・関連会社に設置することも考えられる。グローバル企業において，本社と子会社・関連会社の時差がある場合には，適時にコミュニケーションができるよう，時差の近い地区ごとにCoEを設置することも考えられる。また，業務プロセスに関するCoEであればシェアードサービス拠点，デジタルに関するCoEであればIT統括拠点など，適切な地区や拠点に設置することでグループ内コミュニケーションが適切にとれるようにするべきであろう。CoEが課題解決を積極的に行うことで，より効果的な対策を講じることが可能となり，従来であれば自部門だけのノウハウで解決を行ったところを，CoEによる集中的な課題解決対応により，解決のスピードと質が確保されることが期待できる。

(2)　CoEにおける最適な人材

前述したCoEの役割とその効果を十分に発揮するためには，優秀な人材を配置することが必須であるが，適切な人材を定義するにあたり，まずCoEの役割から考える必要がある。CoEで行う業務内容は，端的にいえば，専門性・複雑

性の高い業務を判断し解決することであり，課題を解決し具現化できる能力，そして高い倫理観を持った人材が適材であろう。CoEに適合するスキルと資質を下記に列挙してみる。

①　高い専門性

経理財務部門におけるCoEであれば，当然ながら高い専門性が求められる。特に，会計処理や税務など技術的な対応をする場合には，当該知識に関する高い専門性が必要となる。その場合の適切な人材ということになると，公認会計士や税理士資格保有者になるかもしれない。もちろん，公認会計士や税理士資格保有者でなくても，会計や税務に関する高い専門性を持つ人材はいるとは思うが，雇用となると，そのようなスキルを保有しているかどうかの採用判断が難しい。公認会計士や税理士資格保有者であれば，そのスキルを保有していることが確認できるので，資格保有者の登用について積極的に検討したい。

②　実行するスキルと資質

企業には何らかの課題があることが常であるが，課題があるなら解決することが重要であり，単なる批判や評論では意味がない。そのために必要なのは，課題を解決するために実行できるスキルと資質，さらに，結果から何を実行すればよいかを策定できる問題解決能力であろう。

③　リーダーシップとコミュニケーション能力

企業における課題の多くは，解決するために組織横断的に検討することが必要である。関係者を巻き込んで，様々な施策を進める必要があり，いわゆるリーダーシップやコミュニケーション能力も不可欠であろう。これらの能力があることで，様々な立場からなる関係者の声に耳を傾けたり，それぞれの立場の意見を把握・尊重して施策を推進することが可能となる。近年では多様化された価値観を尊重する社会文化もあり，多くの価値観を調整して進める必要がある。そのために，その背景や意図を丁寧に説明して納得してもらうことが，コミュニケーションの中心かもしれない。

リーダーシップスキルについては別途記述するが，現代におけるリーダー

シップは，権力保有者（役職上位者）からの説明のない命令や指示だけだと，適切に組織が動かないことがある。動かすためにさらに圧力（プレッシャー）をかけると，場合によってはパワーハラスメントとされてしまうこともある。よって，組織を動かすためのリーダーシップは，コーチングといった適切な技術により組織を動かすことが肝要である。

　経理財務部門では，特にビジネス事業部門から様々な情報やデータを取得し，またそのフィードバックを行うことで，企業価値向上への貢献を行うとすれば，他の事業部門と協働して達成していくリーダーシップを発揮することが必要となる。もし，リーダーシップがないとすると，他部門からのリスペクト（敬意）もなくなり，適切な情報やデータも取得できず，有効な活動ができない。指示する権利・権力に頼らない誘導能力，それがリーダーシップであり，横断的に活動するCoE人材には特に重要なスキルであろう。

④　物事への問題意識が強く改善意欲が高い

　企業は，常に課題を持ちながら経営・事業を進めている。その中で，様々な問題点をいち早く察知して改善案を策定し，実行していく力は，事業を正常な状態に保つ上で欠かせない。物事への問題意識が強く改善意欲が高い人は，社内の様々なトラブルに対しても真摯に対応し，適切な改善方法を提示することができる。そのような人材となるためには，情報アンテナを広く持ち，経済や社会，市場，経営環境などの変化を敏感に察知し，迅速に課題を把握し改善につなげる積極的な姿勢が必要である。CoE人材であれば特に，デジタル関係，ガバナンス関係，サステナビリティに関連する社会心理への影響など，業務効率化，企業価値に影響する事象などに常にアンテナを張り，必要とあらばすぐに改善に結びつけることができる意欲があることが望ましい。

(3)　CoEに向いていない人材

　逆にCoEに向いていない人材は下記のとおりである。ちなみに，CoEには向いていないかもしれないが，経理財務部門内における他の業務には向いている可能性もあるので，適材適所という観点で人材登用したい。

①　定型業務志向

経理財務部門は，従来は定型業務が主体であった。現在も大きくはその流れがあり，経理財務部門は定型業務が得意な人材が多い。定型業務の得意な人材は，業務の正確性に秀でたスキル・資質があるが，非定型業務については応用力が効かないことが多く，その場合にはCoEに向かない。また，従来の定型業務をしながらCoEの非定型的業務を兼務させると，非定型業務のほうが進まない場合がある。よくある事例だが，例えば経理担当者が会計システム導入プロジェクトをプロジェクトメンバーとして参加させると，どうしても定型業務を優先し，非定型業務であるプロジェクトが疎かになることが多い。なぜそのような事象が起きるかというと，非定型業務は創造的な業務であり，ある程度まとまった時間がなければ適切な提案や対応ができない場合が多いからである。つまり，定型業務の合間にできるものではなく，非定型業務にはまとまった時間が必要なのである。

いずれにしても，CoEは非定型業務が主体であり，定型業務を得意とする人材は向かない。よって，経理財務部門の定型業務で高い業務品質のある人材が，必ずしもCoEに向くとは限らない。

②　独り善がり志向

専門性の高い人材が，それと同等の高い専門性を維持しながら組織横断的に展開しようとすると，他の人材がついてこない（こられない）場合がある。専門性が高い場合には，他人に理解してもらうために平易に説明をする必要があるが，高い専門性を持つ人材は，それが苦手な場合もある。たとえ，経理財務部門内で会計や税務などの領域であったとしても，自身と同等レベルの専門知識を保有しているとは限らない。むしろ，保有していないから，CoEの役割があるのである。

CoE人材は，自社グループに展開できる現実的な手法を検討し，実行していくバランス感覚が必要となる。

③　評論家

批判や批評はするが提案しない，といった評論家もCoEでは役に立たない。

CoEは，課題に対して単に知識やアドバイスをするだけではなく，その課題を解決するための実行可能な提案能力が必要である。具体的な施策提案や，PDCAを策定するプロジェクトマネジメントを実際に行うこと，そして解決を誘導し実現していくことが期待されている役割である。単に評論や批評だけであれば，ネットなどで情報を得やすい現代では，あまり役割を果たさない。

3 FP&A (Financial Planning & Analysis)

FP&Aは，主に管理会計を担当する役割の名称である。外資系企業における経理部門の花形業務であり，そのCFOは，ほとんどFP&A出身であることが多い。日系企業では，事業部経理という役割であろう。

財務会計は，財務諸表作成や税務申告など企業にとって必須の業務であるのに対し，管理会計は，あくまで企業の任意施策であり，また日系企業は財務会計の延長線上の簡易的な管理会計を行っていることも多く，FP&Aのような専門部署が存在しない場合も多い。FP&Aは，一般的に以下のような業務を担う。

(1) 事業計画，予算，予測管理

事業計画策定と予算管理は，FP&Aの主要な役割である。予算管理は企業の売上や経費などの数値目標の管理を行い，経営状態を把握し，必要に応じて改善をしていくきっかけとなり，企業の健全な経営および成長に欠かすことができない業務といえる。日本企業では，経営企画部門の役割であることが多いが，恐らく本来は経理財務部門が行うべき業務である。実際に外資系企業では，経理財務部門が行っている場合がほとんどである。なぜならば，事業計画策定と予算管理の基本は財務諸表であり，事業計画や予算策定は，その将来情報というだけであるからである。つまり，将来情報の財務諸表の作成をするのが，この業務である。

① 事業計画

まず事業計画策定であるが，この事業計画は中長期の予算と定義されることが多い。よって，事業計画はKGI（Key Goal Indicator）策定と連携する業務

となる。また，これは中長期の経営視点から策定されるので，当然ながら中長期的な企業戦略に基づく数値の策定となる。その際に，基本的な策定項目は，売上，投資，人員，財務が主となる。

　予算上の数値とは異なり，事業計画上の数値は精緻に行うものではない。中長期の戦略から，それを数値に落とし込むことが重要となる。特に，売上は企業におけるすべての始点となり，この数値から投資，人員，費用など，必要な経営資源を割り当てていくことになる。よって，この事業計画における数値全般は数値の「正確性」よりも，戦略との整合性が重要となる。もっといえば，事業計画数値を見れば，当社の戦略が把握できるくらいのわかりやすさが必要となろう。

　ここで，経理財務部門が陥りがちなのが，「正確性」を担保しようとし過ぎる点である。経理財務部門の日常業務は，現状は積み上げ型（ボトムアップ）方式で成り立っている。取引を帳簿に落とし込み，帳簿ができ上がっていくのは，まさしく積み上げ型方式であろう。しかしながら，事業計画の策定は落とし込み型（トップダウン）方式で策定する。戦略が決まり，それを数値に落とし込んでいくので，細かな取引の積み上げではなく，「大きな概算」数値となる。経理財務部門の方々は，この「大きな概算」に違和感，気持ち悪さを抱くかもしれない。

　余談だが，よく簿記の貸借が合致することに快感を覚える，といったことを経理財務部門の方々から聞くことがある。このような感覚をお持ちの方は，もしかすると事業計画策定には向かないかもしれない。事業計画は，中長期的な将来の数値であるため，将来に起こりうる実績と差異が出てしまうのは仕方がない。多くの日本企業において，事業計画や予算の策定の主体は，経理財務部門ではなく，経営企画部門が担っているのが現状であろう。本来であれば，将来の数値策定についても経理財務部門が担うべきであるし，実際に外資系企業では経理財務部門の1つであるFP&Aが担っている。経理財務部門人材は，事業予算策定の知識は当然持っているので，将来数値を策定するという資質を磨くことで，このような将来数値策定の業務を担ってもらいたい。

② 予算策定

予算は，一般的には単年度（通常は1年単位）で策定されるものである。予算は一般的に「売上予算」「原価予算」「経費予算」「利益予算」の4種類に分類され，最終的には勘定科目別に設定される。

下記では，予算管理の目的をあえて確認したい。実は，企業経営の基本と思われがちな予算管理だが，これらの目的に沿わない場合には，予算管理とは別の手法を用いた場合がよいことがあるからである。近年では，事業計画など大枠な目標は掲げるが，予算は策定しない企業もある。これは，特に市場や環境の変化が激しく，予算を立ててもその変化に随時対応していかなければならないような企業は予算が意味をなさず，むしろ，予算があることで，そこに拘束され，経営が硬直的になってしまった結果，企業価値を損なう場合がある。また，近年では，予算達成を掲げると，会計不正を誘発したり，その達成を強制するようなパワーハラスメントなどが起こったりする可能性もあるため，予算策定の目的については，改めて考察する必要がある。

(a) 前提条件の重要性

自社の売上や利益を具体的な目標数値として設定し，部門や担当者ごとに達成すべき目標として示すことで，目指すべき着地点を社内で共有することが予算の基本的な目的であろう。現在はハラスメントなどが厳しい世の中なのであまり言わなくなってしまっているが，昔は「ノルマ」といわれるものであった。特に売上予算は営業部門が掲げる目標となり，場合によっては営業担当者の賞与などの算定基礎に使われるため，予算の中では重要な数値となる。

このように，予算は基本的には目標値であり，いわゆる予測値ではない。つまり，会社としてこの数字にしたいという意思を反映させたものとなり，経理財務部門としては，ここが1つの壁となる。つまり，経理財務部門では一般的に過去の数値を扱うため，数値の背景には客観的事実と証拠（帳票など）を要求する。それを確認することで，数値の正確性や妥当性を検証する必要があるからである。しかしながら，予算となると，客観的事実ではなく，主観的な意思により数値が策定されるため，予算の妥当性をどのように判断するべきか，過去の数値と同じく客観的事実と証拠を求めると，当然ながら予算にはそのよ

うな客観的な証拠が存在しているわけではないので，予算に正確性や客観性を過度に求めると，予算の策定はできない。

　それでは，どのように予算に対して客観性を持たせればよいのであろうか。予算における妥当性の検証要素は「前提条件」(Assumption) である。この「前提条件」に客観性を付与することで，予算の妥当性を判断する。なお，この考え方は，減損などの会計処理に使う将来キャッシュフロー情報についても同様と考えてよい。

前提条件の例
- 市場の予測情報（業界動向予測，株式や為替など資本市場予測，資材動向予測など）
- 自社における前提条件（採用人員，設備投資，新製品・サービス投入など）
- 経営環境リスク（政治リスク（紛争など），社会リスク（マスコミやSNSなどによる社会的心理の影響），地政学的リスク（気候変動，天災など））

　これらは，すべて定量的に数値として示すことはできないが，どのような前提条件で予算を策定するのかについて，場合によっては全社的に統一していく必要があろう。また，策定された予算数値について，この前提条件に適合しているか，攻撃的過ぎず保守的過ぎず，現実的な目標設定となっているか，予算の妥当性を判断する。

(b)　予算策定手順

　予算策定は，前述した前提条件を策定した上で，それらを予算に適切に反映することが重要となる。前述したように，予算は予測値ではなく目標値であるため，経営的には社内を鼓舞するために攻撃的な数字になりがちだが，経理財務部門では現実的な視点を持ち，実態に即した予算策定を行いたい。予算策定方法は，主に下記の2つが挙げられる。

●トップダウン方式

トップダウン方式の「トップ」は経営陣を指し，経営陣が決めた予算計画や前提条件をもとに予算策定を行う手法である。トップダウン方式のメリットは，予算策定に時間をかけず，経営資源配分を策定して，方針化できることにある。一方で，経営陣から一方的に予算を決定されてしまうことで，現場の負担が大きくなったり，従業員のモチベーションを保つことが難しい側面もある。

●ボトムアップ方式

ボトムアップ方式はトップダウン方式と反対で，企業内の各部門が予算を積み上げ，企業の予算を決定する手法である。現場の状況をよく理解している各部門の担当者が予算編成に関わることで，現実に即した予算策定が可能な点がメリットである。一方で，予算策定に手間がかかるため，現場に負担がかかることや，策定に時間を要する。また，全体最適的な視点から乖離した社内政治的な思惑が含まれてしまう場合もあり，予算策定が適正かについて十分に確認することが重要となる。

(c) 予測管理

実際に予算を運用することになったら，当然ながら予算と実績を比較し，未達の場合には，何らかの改善策を検討する，もしくは予算そのものの前提条件が予算策定時とは異なってきている場合には，予算を改定する検討を行う。

ここで実務的にお勧めしたいのが，予測管理である（Forecasting）。予測管理は予算管理（Budgeting）とは趣旨が異なる。予算管理は，上述したように社内の目標管理と連携し，会社の成長と発展を促していくものであるのに対して，予測管理は直近の着地点を予測するものである。

例えば，予算管理は基本的に年度で策定する（場合によっては改定もある）が，予測管理は向こう1年間までの数値を，3か月（または1か月）ごとに予測するものである。

図表4－1－4　予測管理のイメージ

		XXXX年9月期			XXXX年12月期			XXXX年3月期			XXXX年6月期		
		予算	予測	差異	予算	予測	差異	予算	予測	差異	予算(※)	予測	差異
売上		XXX	XXX	XXX	XXX	XXX	XXX	XXX	XXX	XXX	XXX	XXX	XXX
売上原価		XXX	XXX	XXX	XXX	XXX	XXX	XXX	XXX	XXX	XXX	XXX	XXX
販売管理費		XXX	XXX	XXX	XXX	XXX	XXX	XXX	XXX	XXX	XXX	XXX	XXX
主要費用	人件費	XXX	XXX	XXX	XXX	XXX	XXX	XXX	XXX	XXX	XXX	XXX	XXX
	広告宣伝費	XXX	XXX	XXX	XXX	XXX	XXX	XXX	XXX	XXX	XXX	XXX	XXX
	接待交際費	XXX	XXX	XXX	XXX	XXX	XXX	XXX	XXX	XXX	XXX	XXX	XXX
	外注費	XXX	XXX	XXX	XXX	XXX	XXX	XXX	XXX	XXX	XXX	XXX	XXX
営業利益		XXX	XXX	XXX	XXX	XXX	XXX	XXX	XXX	XXX	XXX	XXX	XXX
営業外損益	金融収益	XXX	XXX	XXX	XXX	XXX	XXX	XXX	XXX	XXX	XXX	XXX	XXX
	金融費用	XXX	XXX	XXX	XXX	XXX	XXX	XXX	XXX	XXX	XXX	XXX	XXX
	その他	XXX	XXX	XXX	XXX	XXX	XXX	XXX	XXX	XXX	XXX	XXX	XXX
経常利益		XXX	XXX	XXX	XXX	XXX	XXX	XXX	XXX	XXX	XXX	XXX	XXX

※3月決算で予算が策定されていない場合には，中長期事業計画から概算算定する。

　予測管理の目的は，下記のとおりである。

●経営資源配分の見直し

　予算策定時には，人員計画や設備投資計画など，経営資源に対する最適投資と最適配分を決定している。もし，予算策定時の想定と異なる場合には，これらを変更する必要がある。例えば，売上が予算策定時よりも増加することが近日中に予測される場合には，場合によっては人員や設備などの投資や稼働を変更する必要があるかもしれない。つまり，予算策定時と異なる状況となっている場合には，経営資源配分を見直すことが必要となる。

　このような意味から，予測管理の数値策定は，実績と近い数値として精緻に策定，報告することが望ましい。例えば，達成が見えているのに保守的であったり，予算未達のために水増し報告をしたりすることは，経営資源配分を適切に行えないことになり，企業価値に損失を与えることになる。よって，経営陣は経営意思決定を適切に行うため，予測管理の際には，予測値と実績が近似値になるように誘導すべきである。例えば，実績売上高が予測値に比して10％も増加した場合には，その数値を管理するマネジメント（上級管理職）には，マ

ネジメントスキル不足として指導すべきである。売上高を上げていくのは営業職の役割であり，マネジメント（上級管理職）は，企業全体の視点で数値報告を正確に行うべきだからである。

予算策定時は目標値であってもよいが，予測値は経営資源配分の見直しを適切に実行するための報告であることを認識し，特に売上報告の責務があるマネジメントには，全社的な視野をもってマネジメントに当たってもらえるよう，経理財務部門として誘導してもらいたい。

●予算の修正

予測値が予算と大きく乖離する可能性が高い場合には，予算自体を改定する必要がある。予測値は売上や費用など，重要な数値の一部を集計することが多いが，予算を改定する場合には，もう一度予算全体を策定することとなる。つまり，予算策定時の「前提条件」をもう一度設定し直して，予算全体を見直すことになる。ただし，予算の修正となると，全社的にかなり手間となるため，予測値がどの程度予算と差異がある場合に予算再策定となるか，社内ルールやガイドラインなどで決めておくとよい。予算再策定は，営業戦略の一部変更など重要な経営の方向性の見直しをしなければならない状況となったときに，行うものとしたい。

●適時開示への対応

上場企業においては，年度の「売上高」，「営業利益」，「経常利益」および「親会社株主に帰属する当期純利益」における将来予測開示情報が，当初の公表値と直近の状況から新たに算出した数値と乖離する可能性がある場合には，新たに算出された予想の適時開示が必要となる。よって，この適時開示に対応するためにも，特に上場会社の場合には予測値算出をすることが望ましい。なお，細かい適時開示基準については，日本取引所グループサイト（https://faq.jpx.co.jp/disclo/tse/web/knowledge6851.html）を参照していただきたい。

(2) 管理会計や原価管理

いわゆる管理会計や原価管理といっても，内容は多岐にわたる。ただ，財務

会計のように報告様式が決まっているものとは異なるため，その目的によって実施内容は異なる。

① 事業評価のための貢献利益

コストセンターやビジネスユニット別の損益管理により，貢献利益を算定する。貢献利益を見ることで，ビジネス採算性を評価する。採算性のよいビジネスは操業度を高め，採算性の悪いビジネスは操業度を下げる，または撤退の意思決定をする。

貢献利益は，通常「売上高−管理可能費用」で算定され，特に費用については管理できる費用に限定する。これにより，当事業がどの程度利益に直接貢献しているかを評価するのである。もちろん，全社共通費用を配賦した管理不能利益も含めて算定することもあるが，例えば事業責任者にとって，管理不能部分にまで責任を負える立場にはなく，この結果として算定された数値に関心は薄いであろう。ただ，もちろん，全社共通費用まで含めて利益が出なければ，全社的には赤字になってしまう。よって，部門別貢献利益の目標に，売上高貢献利益率や損益分岐点利益などの目標値を同時に掲げるとよい。

② 最低操業度や売上高を算定する限界利益

限界利益は，損益がゼロとなる操業度または売上高を分析するためのものである。つまり，固定費を回収できる操業度または売上高を分析する目的でもある。逆にいうと，現状で赤字が生じている場合には，固定費や変動費率をどの程度削減すべきか，操業度をどの程度増やすべきかなどの改善対応を明らかにできる。

限界利益の算定は，通常「売上高−直接変動費」となる。直接変動費とは，売上高の増減に比例して増減する費用をいい，直接材料費や直接労務費，販売促進費（リベートなど），運賃諸掛，梱包費などがある。売上高から売上の増減に比例して増減する費用を差し引くことで，固定費を回収すべき金額を算定することができる。

経理財務部門であれば，上記の知識は常識レベルかもしれないが，ビジネス事業部門では意外とこのような考え方をしていない場合がある。特に販売単価

の算定では，この限界利益は重要である。企業は常に顧客から販売価格について圧力があるため，どこまで値引きしてよいかは重要な検討事項であろう。販売単価には様々な算定方法があり，原価に必要な利益を加算していく方法，市場競争価格により決定する方法，商品を市場に出す初期段階で値段を安く設定し市場に浸透させて市場シェアを獲得する方法，などがある。ただ，いずれにしても，赤字にならない販売価格の算定は重要であり，これ以下の販売価格となると，販売すればするほど赤字となってしまい，それこそ企業存続の問題である。逆に，固定費を回収できる限界可能利益を確保できる販売価格であれば，販売しないほうが利益を確保する機会を失ってしまう。

　一般的に販売価格の設定においては，固定費（減価償却費，間接部門費用など）を含めた原価で販売価格を設定しているので，通常の販売価格は当然赤字になることはないであろう。ただ，競争環境が激しく販売価格の値引き圧力が強い場合は，限界利益から分析することはかなり重要となる。経理財務部門では，比較的常識的な知識であっても，ビジネスの現場では重要な意思決定に相当貢献する。FP&Aでは，そのような役割を実践したい。

③　改善項目を明確にする原価差異

　通常，原価差異を分析する際には，標準原価計算を行い，標準原価と実際原価の差異を分析する。標準原価とは計画上の原価，実際原価とは実際にかかった原価である。計画した原価と実際の原価を比較して，どの程度の差異が発生しているのか，そしてその差異の発生要因は何なのかについて分析し，改善点を明らかにすることが目的である。

　なお，標準原価計算を採用している日本企業はそれほど多くない。なぜならば，経理財務部門における記帳は実績値の報告が主目的であり，たとえ標準原価計算を採用したとしても，財務会計と管理会計とを一致させるための会計処理（差異配賦）を行ったり，標準原価計算システムの構築や運用の難易度が高いこともあり，標準原価計算の採用難易度を上げている。実際に標準原価計算を採用するとしたら，下記のようなPDCAサイクルによって進めることが望ましい。

(a) 標準原価の設定（P）

　まず，各製品やサービスの標準原価の設定を行うことが，差異分析を行う上での最初の段階となる。その際に留意すべき事項としては，何を差異分析するかである。例えば，仕入価格，投入原材料，直接労務単価，労務稼働時間などが製造業の原価計算では一般的ではあるが，サービス業においても同様に，サービス労働単価（給与）や稼働時間など，標準原価を設定することができる。仕入単価などについて為替が影響する場合には，標準為替レートについての設定も必要となる。

　また，標準原価を設定するにあたっては，必ず「仮定」を置く必要があるため，この「仮定」の設定も重要である。例えば，仕入価格は社会的なインフレ影響によりX％上昇する，標準為替レートは1ドル＝XXX円とする，労働稼働時間は新人採用によりX％下がる，などである。これらの「仮定」を作るときには，できるだけデータを分析するなど，客観的な証拠に基づき判断する。X％成長が会社全体の目標だからすべてをX％成長とする，といったような雑な「仮定」を置くと，後に行う差異分析をした結果，何を改善したらよいか，何のために改善が必要かのA（アクション）を分析することができなくなる。差異が出た際に，実績が「仮定」のどこと違ったのか，「仮定」が間違っていたのか，その差異は当社として改善すべきなのか，社会的な変化に基づく差異で当社では対応が難しいものなのか，などと分析をすることが重要であるため，この「仮定」の策定がかなり重要である。

(b) 業務稼働・運用（D）

　標準原価の設定ができたら，実際の稼働・運用となる。実際の差異計算は，スプレッドシートなどを使った手動で行うことは難しく，基幹システムや原価計算システム，経営管理システムなどのシステムで稼働・運用させることになる。その際の留意点は，必要なデータを正確かつ網羅的に入力することにある。理論上当たり前だと思うかもしれないが，実務ではなかなか難しい。例えば，原材料投入量で余ってしまったものはどうするか，稼働時間に機会が故障して止まってしまった時間はどのようにすべきか，など様々な例外事象が発生する。また，稼働時間が社員賞与などに連動しているような場合には，不正な入力な

第4章　次世代の経理財務部門の組織と人材　167

ども誘発しかねない。

　よって，様々な事象への対応が随時できるような窓口やFAQを準備してお
くなどの対応や，データが不正に改ざんされないような措置，例えば投入量や
時間などを自動的に計算して入力されるような仕組みを構築する必要がある。

(c)　標準原価と実際原価の差異分析（C）

　実績稼働データが収集できたら，差異分析を行う。差異分析は，標準と実際
の原価比較から始まり，「標準原価の設定（P）」における「仮定」を基礎とし
て行うことになる。つまり，差異分析をさらに細かく行うことになる。そうす
ることで，下記「分析結果に基づく改善（A）」につなげる。

図表4－1－5　原価差異分析のイメージ

分析イメージ			標準	実績	差異金額	分析コメント
原材料差異	仕入価格（P）	価格	XXX	XXX	XXX	XXX
		為替レート	XXX	XXX	XXX	XXX
		合計	XXX	XXX	XXX	XXX
	投入数量（Q）		XXX	XXX	XXX	XXX
	…					

(d)　分析結果に基づく改善（A）

　原価差異分析は，差異の分析結果を業務改善などに役立てて初めて，有効活
用されたといえる。分析結果が実際に業務改善や企業経営に活かされるために
は，原価管理計画の策定が必要となる。

　原価管理計画を策定するには，管理したい原価項目とそれを構成するドライ
バー（最も大きく影響する要素）を定義する必要がある。そのドライバーを
KPIとして設定し，経営指標として原価差異分析と同時に検討する。そうする
ことにより，経営指標の達成度と原価差異分析による原価への影響金額を同時
に把握することができ，何を改善することで，どのような成果が得られるかも
分析，提案することができるようになる。さらに，改善に向けての社内のモチ
ベーションアップの効果も期待できる。

策定した原価管理計画どおりに業務改善が行われ，検証され，さらなる改善計画が策定されるというPDCAサイクル活動の継続が，業務上の生産性向上に貢献する仕組みにつながる。

(3) 将来数値もシステム活用

予算策定は，数値の検証や各部門との調整などが必要となり，多くの時間と手間がかかる作業である。また，予算は策定するだけではなく，予算策定時の前提と，実績との差異分析および改善提案も重要である。よって，適切な予算管理を行う方法を検討するとともに，予算管理そのものの業務の効率も考えなければならない。予算策定に多くの時間を割いているが，予算実績差異分析において，差異分析ができるためのシステムや仕組みが不備であるために，運用に苦労している場合も多い。また，予算策定にはスプレッドシートなど表計算ソフトのツールを使うことが多いが，記入漏れや集計ミスのチェックといった煩雑な作業が多く，担当者の負担も大きい。実績値を何らかの経営管理資料として作成する場合には，会計帳簿と確認をすれば正確性を担保できるが，将来数値である予算策定時には，もちろん会計帳簿のような客観的な資料もなく，数値の正確性を客観的に確認する手続に乏しい。結果として自己チェックと上長による確認しかないため，誤りが多くなりがちといえる。

よって，正確性を担保するために，少なくとも集計ミスやバージョン管理などを適切に運用するためにもシステムを活用したい。例えば予算策定システムは各部門の予算管理や入力・修正・データの共有や集計作業を行うことができるので，数値の正確性，業務の効率性が飛躍的に向上する。会計システムには予算管理機能が搭載されている場合があるので，もし現在利用している会計システムに予算管理機能があれば，その機能を利用することもできるし，現行の会計システムとは別に予算管理システムを導入する場合には，下記機能を搭載していることが望ましい。

① 予算バージョン管理

予算策定は，様々なバージョンが必要となる。例えば下記のとおりである。
- バージョン1：最初に現場からの数値を集計したもの

- バージョン2：上長が確認して改訂したもの
- バージョン3：取締役会など経営層が確認して改訂したもの
- バージョン4：最終版

なお，上述した予測管理（Forecasting）を行うためにも，バージョン管理機能の搭載は必要であろう。実績値の帳簿には，このようなバージョン管理は必要ないが，予算はシミュレーションを行うことも主な目的であるため，いくつかのバージョンが存在することは通常である。このバージョン管理を手動で行い正確性を担保していくのは，相当難易度が高く，手間もかかる。そのような意味でも，バージョン管理が適切に行える機能は重要である。

②　現状使っている勘定科目，部門コードなどが使えること

予算は策定しただけでは意味がなく，実績と比較して初めて有効に活用しているといえる。よって，予算実績比較分析をするためにも，現状使っている勘定科目や部門コードなどが使えることが望ましい。もし現行の会計システムに予算管理機能が搭載されていれば，これらも同じく機能できると考えられるが，別の予算管理システムを導入する場合には，現行の会計システムと同じ勘定科目や部門コードを同期させて使えるようにしたい。

③　データアップロード機能

予算策定は，各部門からスプレッドシートで経理財務部門に提出され，経理財務部門で集計をする必要がある場合には，データアップロード機能を使うことが望ましい。手動入力も可能だが，誤入力を避けるためにもデータアップロード機能を使いたい。また，各部門において予算数値を入力する際にも，手動入力ではなくスプレッドシートからアップロードできたほうが効率的である。その際の正確性を担保するためにも，データアップロード機能を利用したい。

⑷　財務会計の勘定科目管理

FP&Aは管理会計や経営数値に関する業務だけと思われるかもしれないが，事業に関わる財務会計科目の数値算定や，その分析などの管理業務も担う。例えば下記のような科目である。

① 製品保証引当金，返品保証引当金などのビジネス関連の引当金

ビジネス関連の引当金は，過去の実績や現状のビジネス状況からの将来予測などから算定するものであり，背景を理解しているFP&Aの役割となる。これらは，ビジネス事業部門を統括している上長が確認し，さらに経理財務部門で承認して帳簿に記帳される。ビジネス事業部門におけるFP&Aは，算定する数値について正確性・妥当性を判断し，さらに記帳を担当する主計部門ではその算定方法と会計処理の継続性，前提条件の妥当性，ビジネス部門における作成・承認が適切に行われたかの内部統制について確認する。

② 投資案件に対する評価

固定資産（有形・無形）や事業投資など，投資に関する評価についてはFP&Aが行うことが望ましい。投資評価は，現状と将来キャッシュフローなどビジネスやその環境に基づき判断するものであり，必要に応じて減損を検討しなければならない。ただし，減損判定や算定については，高度な会計知識を要する（場合によっては外部専門家を利用する）ため，慎重な手順が必要である。例えば，事業評価に関する手順を挙げてみる。

●手順1：減損兆候判定（営業利益の推移，投資先の経営環境などから判断）

会計処理マニュアルなどで標準手順を記載しておき，FP&Aが実施する。当該手順書の結果をCoE（別項参照）などに提出する。

●手順2：減損金額の算定

減損判定で減損をする必要がある，もしくはその可能性が高いと判断された場合には，投資先評価を実施して減損金額を算定する。なお，一定金額以上の投資案件については，外部専門家を利用する。外部専門家の選定は，ビジネス事業部門との独立性を保つため，経理財務部門により行う。

評価方法については，CoEとFP&Aが共同して検討したほうがよい。将来キャッシュフローは，事業状況などについてはFP&Aが，評価手法（割引DCF法，類似会社比較法，修正純資産法など）や評価パラメーター（加重平均資本コスト（WACC），内部収益率（IRR），加重平均資産収益率（WARA）など）

についてはCoEが処理の統一性，継続性などを勘案して検証，確認しながら進める。

●手順3：記帳

減損算定が確定したら，経理帳簿に反映させるため記帳を行う。記帳はCoEがプロセスを主導して，経理財務部門で実際に記帳する。なお，いずれにしても，税金計算および税効果について留意する。

③　ビジネスに関わる会計・税務等全般に関する助言

上記2つは経理財務部門にとって重要な役割であるが，FP&Aにとってはもう1つ重要な役割として，ビジネスに関わる会計・税務等の専門的な領域に関する助言業務がある。例えば，収益認識基準やリース基準などによるビジネス現場への影響である。単純に出荷基準や検収基準による会計処理ではなくなることで，例えば売上計上の時期が従前と異なり，営業担当者の賞与計算などに影響がある場合もある。今後日本で適用される新しいリース基準では，今までどおりファイナンス・リースやオペレーティング・リースに分けて会計処理をする方法ではなくなり，今までは費用であったものが資産に計上されることで，予算などと乖離してしまう可能性がある。これらは，場合によっては，企業の財務諸表に大きな影響を与えることから，自社だけではなく取引先等に対しても，留意を促すことはあってもよい。特に自社のビジネスにとって，会計基準や税法が競争優位（もしくは不利）に働くような取引については，ビジネス事業部門に助言することもできる。

④　ガバナンス機能

企業における不正の発生源は，経営層による不正を除けば，ビジネスの現場であることが多い。経理財務部門がいつでも適切な会計処理を進めるためには，やはり事業部門と密接なコミュニケーションをとり，牽制力を働かせなければならない。そのためには，FP&A人材を配置し，ビジネス事業部門が主体的に判断に加わるべき会計処理，例えば収益認識，のれん評価，減損，ビジネス関連引当金などについて担当してもらう，といったことも方策である。経理財務

部門がビジネス事業部門に対して十分な牽制をすることで，会計処理に対する牽制が働くようにしておくべきである。

　ただ，FP&Aがビジネス事業部門に対する牽制の役割を果たすためには，FP&Aがあくまで経理財務部門に属していることが重要である。日本企業では，FP&Aのような管理会計を担う役割の人材を経理財務部門からビジネス事業部門に異動させてしまっていることが多い。つまり，上司はビジネス事業部門ということになる。これでは，牽制の役割は果たさない。なぜならば，上司がビジネス事業部門であるならば，当然上司からの命令に沿った行動が求められるし，人事評価も上司によって行われるので，FP&Aがビジネス事業部門に対して，適切にガバナンス機能を果たす役割を果たすのは，なかなか難しい。

　外資系企業においては，このFP&Aはデュアルライン（二重上司制度）になっていることも多い。つまり，経理財務部門とビジネス事業部門の両方に上司がいるということである。もちろん，主は経理財務部門で，従がビジネス事業部門ということになる。

　日常は事業部門とのコミュニケーションが主であるため，ビジネス事業部門の上司からの指示に従って行動するが，高度かつ微妙な判断を伴うときには経理財務部門とのコミュニケーションをしながら，ガバナンスに沿った行動を行う。このような組織体制により，ビジネス事業部門における取引の透明性を高め，さらに適切なガバナンス機能を働かせる。これがFP&Aの企業内における重要な役割の1つである。

第4章　次世代の経理財務部門の組織と人材　173

図表4－1－6　デュアルラインのイメージ

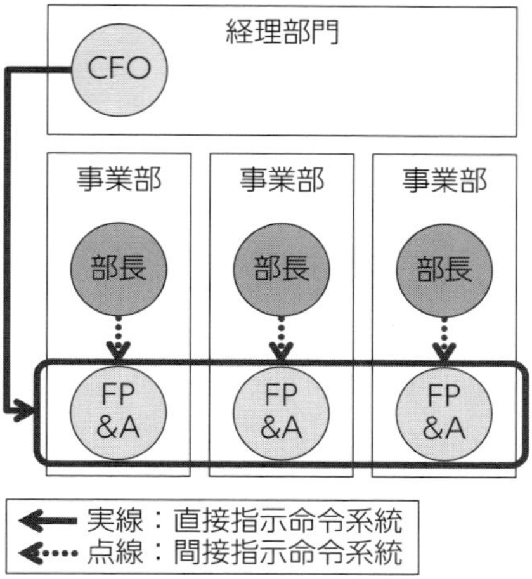

経理部門

CFO

事業部　部長
事業部　部長
事業部　部長

FP&A　FP&A　FP&A

◀━━ 実線：直接指示命令系統
◀┅┅ 点線：間接指示命令系統

＜ポイント＞

- FP&Aは，主にビジネス事業部門における管理会計を担当。ビジネスを理解し分析した上で，ビジネス事業部門の部長と数字的な側面で支援。
- レポートラインとしては，主がCFO（経理財務部門），従がビジネス事業部門となる。ビジネス事業部門には予算達成などプレッシャーがかかっていることもあり，FP&Aが不適切な取引を防止するためのガバナンスの役割を果たす。
- 外資系企業ではこのようなFP&Aが各ビジネス事業部門に配置されることが通常であり，FP&Aを通じて経理財務部門がビジネス事業部門における取引の透明性を確保している。

4　外部専門家の活用

(1)　外部専門家への依頼に向く業務

　経理財務部門において，スキルまたは作業工数が内部人材で充足できない場合には，外部人材を活用することも考えたい。外部専門家を利用する場面としては，下記の状況が考えられる。

① 難易度・複雑性が高い業務

最も想定しやすいのは，会計基準や税法などが難解・複雑であり，実務に落とし込むことが自部門の人材だけでは難しい，もしくは不安がある場合であろう。

② 発生頻度が少ない業務

日常的に，もしくは毎決算時に発生するような頻度の取引処理の場合には，雇用された社員が担当することに問題はないが，発生頻度が低い取引や一時的な事象に対応する場合，社内に関連知識を十分に持っている人材がいない場合がある。このような場合には，当該事象に詳しい外部専門家を利用することで，社内人材では賄うことのできないスキルや知識を充足させることができる。例えば，M&A関連業務などが挙げられる。

③ 担当社員が退職や休職した場合

担当社員の退職や休職した場合の担当業務について，次の雇用・復職をするまでの間のつなぎとして，外部専門家を利用することもある。社員の退職や復職については十分な引継期間が取れない場合が多く，また雇用といっても数か月単位かかってしまうことから，その間に外部専門家を利用することもできる。もちろん，専門的な業務ではない場合には，派遣会社から派遣社員などを送ってもらうこともできるが，その場合には，まさに「専門的ではない」定型的な事務作業に限る。特に，現代の経理業務は，テクノロジーの進化に伴って自動処理が進み，定型的な事務作業は減少傾向にある。よって，経理財務部門の引継業務は，比較的複雑かつ自社特有の処理などが含まれることが通常であり，短期間で専門家ではない一般派遣社員に引継ぎをさせることはリスクがある。

その場合に，外部専門家，特に公認会計士は便利だといえる。筆者は，公認会計士（日本・米国）を中心とした外部専門家を企業に送る会社を経営しているが，公認会計士の特筆すべき資質・スキルは，「引継ぎが十分でなくても，業務内容を理解して実務を展開できる」ことであると認識している。公認会計士は，他社事例などの経験があるため，最終成果物（財務諸表や経営管理資料など）を想像しながら作業を進めることができる。また監査経験者であれば，

会計処理に関するリスクや監査法人対応なども理解しているため，実務の本質を理解しながら進めることができる。特に短期で引継ぎをしなければならない場合には，外注金額も高くなるが，公認会計士がお勧めである。

(2)　外部専門家の選定方法

外部専門家を利用する際に，どのような会計事務所やコンサルティング会社を使えばよいのか。特に初めて外部専門家を導入する場合には，コストも高いことから，なかなか選定に迷うことが多く，また稟議書にその選定理由を記載する必要もあるため，論理的かつ合理的な検討を行う必要がある。

①　長期・大型のプロジェクトの場合

長期・大型のプロジェクト，例えば基幹システム（ERP）の更新のような，場合によっては1年以上かつ組織横断的なプロジェクトの場合には，多数の社内外関係者が関与することが想定されることから，それなりの規模のあるコンサルティングファームを選択することが適正といえる。大型のプロジェクトでは，個々のコンサルタントの技術や知識はもちろん重要であるが，それ以上に組織としての経験や知見が重要となる。また，多くのコンサルタントが長期間関与するため，場合によっては途中で離脱するコンサルタントがいても，コンサルタントが代替可能である体制があることも重要な選定要素である。

なお，規模が大きいコンサルティングファームは，新卒などの若い人材の教育の場として，プロジェクトチームに関与することもあるが，それを不快に思う利用者もいるだろう。ただ，組織としてプロジェクトに対応し，業務品質を確保する体制があることから，個々の能力よりも組織としての業務達成能力を評価すべきであろう。

一方，このような多くの人材投入，人員代替の利くプロジェクト体制，業務品質管理体制など，高い業務達成能力がある組織編制をすることができる組織体は，当然ながら組織コストが大きくなることから，報酬も高くなる。依頼する企業にとってもそれなりの大きな投資であり，達成されるべき成果について高いレベルを要求すること，そしてプロジェクト遂行するためのリスクヘッジという意味でも，高い報酬を支払って，それなりの規模のあるコンサルティン

グファームを選定する意味は大きいであろう。

②　専門性の高い領域の場合

　専門性が高い領域の場合，例えば難易度・複雑性の高い決算業務，連結・開示，M&A，国際税務，サステナビリティなどは，当然ながら当該知識と経験を有するコンサルタントがいるファームを選定することが望ましい。この場合には，ファームというよりも，知識と経験のあるコンサルタントが担当してくれるかが最も重要である。ただ，プロジェクトの規模が大きい場合には，知識と経験のあるコンサルタントが関与してもらえることと，その実務を担当するスタッフが必要となる場合があるため，場合によってはそれなりの規模のコンサルティングファームを選定することになる。

　専門性の高い領域をコンサルティングファームに依頼する際には，誰が責任者や主要メンバーであり，どのようなチーム構成で対応するのかについて，さらには個々のコンサルタント経歴を提案書に入れるよう依頼したい。このような専門性の高い領域は，個々のコンサルタントの知識と経験によってサービスレベルが大きく変わる。それゆえに，専門性の高い領域については，大手コンサルティングファームだからといって，必ずしも高い業務品質が確保されるとも限らないことに留意したい。むしろ，当該領域の専門コンサルティングファーム（ブティックファーム）や個人の専門家など，高い知識と能力を有すると確認できたところに依頼をしたい。くれぐれも，コンサルティングファームの規模やブランドだけで選定を進めないようにしたい。

③　社員の退職・休職など短期での引継ぎが必要な場合

　この場合には，基本的にコンサルティングファームに組織的に対応してもらうというよりも，個々のコンサルタントが対応することになる。よって，これこそコンサルタント個人のスキルや資質が重要となる。なお，専門家といってもスキルや資質は個々人によってかなり幅が広く，特に経理財務部門における実務を担当してもらうことになると，実務能力が高いことが重要となる。それは第1に，ITやデジタルスキルであろう。例えば，特定の基幹システムからデータをダウンロードしたり，スプレッドシートなどによって数値算定するな

ど，経理財務部門の実務にITスキルは欠かせない。よって，このようなITや
デジタルスキルの高いコンサルタントかは確認をする必要があろう。

　また，実務ではなく第三者視点からの助言業務を中心としている専門家もい
るが，実務対応が重要な場面では，このような人材は適さないといえる。この
ように，場面場面で適切なコンサルタントの選定をしてもらいたい。また，で
きれば実際に担当するコンサルタントと面談することである。面談する際に，
自社の組織に適応できるか，また自社社員との相性はどうかを確認したい。

　最近は中高年齢でも実務に長けた人材は多いので，単純に年齢が高いから手
が動かないであろう，ということでもない。むしろ，経験値が高い中高年齢の
コンサルタントで実務能力が高いのであれば，コストパフォーマンスとして最
大となる。コンサルタントの選定は，究極の「適材適所」という視点で望みた
い。

(3)　報酬のあり方

　外部専門家を利用する際の報酬は，基本的には「時間単価×実働稼働時間」
によって請求されることが多い。では，時間単価はどの程度見込めばよいのか。
これは，コンサルティングファームのような組織的な会社と法人契約するか，
もしくは特定の専門家と個人契約するかにもよるし，また法人契約であっても
コンサルティングファームの規模にもよる。一般的に，個人契約よりも法人契
約のほうが，またファームの規模が小さいよりも大きいほうが単価は高い。も
ちろん，現状の取引があったり，競合状況，交渉などでも，時間単価は左右さ
れる。時間単価に関する具体的な数字について本書で言及することはしないが，
専門家報酬は当然安くはない。企業としては，安いに越したことはないが，時
間単価を専門家選定基準の第一優先にするのも考えものである。

(4)　BCP（業務継続性）の検討

　特定の専門家個人と個人契約した場合，例えばその個人が何らかの事情で対
応できなくなってしまった場合のBCP（業務継続プラン）も考えておいたほう
がよい。一般的には，例えば決算支援など法定で締切日が決まっている業務に
ついては，特定の個人と契約してしまうと，例えば病気や事故などで対応でき

なくなってしまった場合のリスクがあるので，そのような業務については組織的な対応ができるコンサルティングファームがよいかもしれない。一方，M&A関係業務（デューデリジェンス，株式価値算定など）や事業再編など，締切日が法的に定められているわけではなく，企業で決定できる場合には，そこまでBCPを考えなくてもよいので，特定の専門家個人に依頼してもよいかもしれない。

(5)　外部専門家を上手に使うためには

　前述したように，外部専門家を使えば支払う金額も小さくない。それゆえに，期待する成果は出してもらわなければならない。ただ，その使い方次第では，うまく成果が出ないこともある。その代表的な例が「丸投げ」である。企業内部で対応できないために外部専門家に依頼するのだから，丸投げに近い形になるのは仕方がないという考え方もあるであろう。しかし，なんでも「お任せ」にしては，その成果が期待されたものにならないリスクもあるし，外部専門家としても困るであろう。

　判断をしなければならない場面においては，細かい技術的な論点は理解できなくても，その方向性や期待する成果を真摯に伝えることは肝要である。要はコミュニケーションである。専門家なんだからよきに計らえ，といったコミュニケーションは避けたい。また，お金を払っているんだからこちらの言うことを聞け，といった粗雑な態度も避けたい。専門家は「先生」と言われる職業も多く，過去には専門家自身が粗雑な態度であった時代もあるが，現代では「先生業」から「サービス業」への転換が進み，専門家も丁寧なコミュニケーションをしながら，業務を進めることが当たり前となっている。相互に敬意を払いながら，期待する成果を達成できるよう，十分にコミュニケーションを図りたい。

5　経理財務部門におけるリーダーシップ

　経理財務部門は，個々人が専門性のある業務を担っているため，ある意味コンサルティングファームのような組織である。近年は，会計基準や税制，内部

統制（J-SOX対応），サステナビリティ，経営指標（KPI）管理，財務管理（ファイナンス）など，業務が多岐にわたり，この組織を統括するリーダーが，経理財務分野で扱うすべての業務について経験と知識を有することは困難である。しかしながら，リーダーが経理財務部門の各業務について判断をする際に，すべて細かな技術的な知識がなければ判断できないといったことでは，部門運営はできない。それでは，このような専門家集団を率いるリーダーシップは，どのようにあるべきか。

(1) サーバントリーダーシップ

① サーバントリーダーシップとは

サーバントリーダーシップとは，「サーバント＝奉仕人」という表記からわかるとおり，部下に奉仕・支援することを目的としたリーダーシップである。部下に奉仕・支援することは，部下にへりくだるということではない。部下の能力を認め，高い成果を引き出せるようにリーダーが導き出す，といったリーダーシップ手法である。そのためには，働きやすい環境づくりや信頼関係の構築を行い，部下の主体的な行動を誘発させることが重要である。

サーバントリーダーシップとは対局の考え方に「支配型リーダーシップ」がある。従来のリーダーシップといえば，「支配型リーダーシップ」が中心であった。

② 支配型リーダーシップはダメなのか？

以前は，企業の発展に強い意思と発言力を持ち，部下を動かしチームを引っ張るようなリーダーシップが主流であった。そのため，リーダーに求められるのは強い先導力や卓越した知識やスキルで，これが組織の中で部下から敬意を集めるリーダーシップであった。逆にいえば，業務についてのスキルや知識がなければ，上位の役職には就けなかったのである。これは，日本が終身雇用を前提とした組織体制であり，経験年数によって上位役職となる合理的な理由にもなっていた。

支配型リーダーシップにおいては上位役職者でも実務を担当することになるため，自分がプレイヤーとなり，部下に指示・命令を与え，組織の成果を生み

出す。一方，サーバントリーダーシップでは「個人」よりも「組織」としての成果を重視する。部下の能力を認知し，誘導する能力が求められる。また，サーバントリーダーシップでは，部下が自ら目標を立て自己実現することに意義がある。つまり，いわゆる「自己実現」を達成できるようにすることが肝要であり，あらゆるものが手に入るようになった成熟化社会におけるリーダーシップ手法といえよう。昭和の時代のような経済発展途上時は，全体が豊かになることが統一された目標であり働く価値であったため，上司からの指示・命令による支配型リーダーシップで業務を義務的にこなしても，結果的に豊かになれば納得感があった。しかしながら，成熟化社会では価値観も多様化し，経済的に豊かにならなくてもある程度満足した生活ができ，仕事だけの人生ではなく個人の時間も大切にしたいといった価値観も生まれ，全員が仕事に対して同じ思いを共有することは難しい時代となっている。その結果として，社員がどのような価値観を持ち，それに合わせた自己実現を促すような，サーバントリーダーシップが効果的になってきている。

　特に，経理財務部門においては，会社のためにというよりも，自分の人生のために専門的な知識を学習している人が多く，そのような人にとっては，自分のキャリア価値観と会社の方向性を適合させながら仕事をしている。上司は，その価値観を見極め，目標設定をし，自己実現に向けた主体的な行動を促す。その結果として，組織として同じ目標に進むように誘導し，仕事への動機付けや業務生産性の向上につなげていくのである。

③　サーバントリーダーシップの特徴的な言動

　それでは，サーバントリーダーシップを実践するためには，どのような言動が必要になるのであろうか。一言でサーバント（奉仕）な言動といっても，それをイメージするのは難しい。そこで参考にしたいのは，NPO法人日本サーバント・リーダーシップ協会「スピアーズによるサーバントリーダーの属性」である。ここでは下記10項目の言動が挙げられている。なお，詳しくは同法人のウェブサイトなどを閲覧してほしい。

①	傾聴	②	共感	③	癒し	④	気づき	⑤	説得
⑥	概念化	⑦	先見力，予見力			⑧	執事役		
⑨	人々の成長に関わる					⑩	コミュニティづくり		

6 ジョブ型制度への転換

　日本では伝統的に，経理財務部門に限らず，勤務態度，勤怠などの定性的評価が重要視されてきた。近年，成果主義は，営業などの成果がわかりやすい部門では広がりつつあるが，管理部門など成果がわかりにくい業務については，「目標管理」と称した成果主義を取り入れている場合もあるものの，定性的評価が実態である。つまり，勤怠，勤務態度，特に上司に対する態度，一生懸命という熱意など，いわゆる仕事をしている姿が「まじめ」であることが評価されてきた。ただ，テレワークが進むと仕事をしている姿が見えないので「まじめ」かどうかを判断することはできず，成果物やメール，Web会議のやり取りから評価を行わなければならない。経理財務部門もいよいよ厳格な「成果主義」を導入する時代が来ているのかもしれない。

　ただ，経理財務部門の「成果主義」導入は難易度が高い。成果物の品質評価に高低はなく，財務報告，経営報告，申告書，どれをとっても業務品質を評価することは困難である。

(1) 「ジョブ」（Job description）の定義

　それでは，「成果主義」を謳う欧米企業において，経理財務部門ではどのような評価体系なのか。それは，いわゆる「ジョブ型」の評価体系となっている。これは「成果主義」というより，その仕事に対してこの報酬を支払うといったことを，会社と従業員で合意するのである。ジェネラリストをベースとした人事体系をとる日系企業では馴染まないが，経理財務部門のようなスペシャリスト組織であれば，この「ジョブ型」は馴染む。

例えば，欧米企業における「ジョブ型」の職務項目事例をいくつか示すと，図表4－1－7のとおりである。

図表4－1－7　欧米企業における「ジョブ型」の職務項目事例

Job Summary（職務概要）– Accounting Manager（経理マネージャー）：
- Responsible for financial reporting for management and legal purpose.（財務会計および管理会計の財務書類全般の責任者）
- Develop and maintain accounting practices and procedures to ensure that all financial documents are accurate in a timely manner.（財務書類を正確かつ適時に作成するための経理実務および手続の維持管理）
- Oversee staff and be responsible for ensuring that all work is distributed and completed in an accurate and timely manner.（経理業務を正確かつ適時に完了させるためのスタッフ管理と業務管理）
- Develop and implement processes that facilitate collection, verifying, and reporting of all financial data.（財務データの収集，検証，および報告を実施するための業務プロセス整備・運用）

Job Descriptions（職務内容）– Accounting Manager（経理マネージャー）：
- Ensure accurate and timely reporting of all financial data.（財務データの正確性と適時性の確保）
- Actively recruit train, assign, counsel and supervise employees.（リクルート，研修，業務分担管理，労務管理などを含む従業員管理全般）
- Communicate and enforce expectations, job duties, policies and procedures.（期待値，職務内容，業務方針や手順などを伝え業務遂行）
- Meets and exceeds accounting and financial objectives by using forecasting tools.（予測ツールを使用した，会計および財務目標の達成または超過）
- Monitors revenue and expenses while coordinating collection, consolidation and review of all financial data.（財務データの収集，統合，レビューを実施し，収益と費用を分析管理）
- Prepare monthly and annual reports on expenditures and implementing corrective actions when necessary.（支出に関する月

次・年次報告書を作成し，必要に応じて是正措置を実施）

- Advise staff on the handling of routine and non-routine financial reporting transactions.（日常的および非日常的な財務報告取引の取扱いに関するスタッフへの助言）
- Collaborates with other financial staff to support and enable department to meet overall goals and objectives.（部門全体の目標と目的を達成できるよう，他の財務スタッフと協力・推進）
- Develops and implements new processes and procedures to enhance the workflow and productivity of the department.（部門の業務フローや生産性を向上させるための，新しいプロセスと手順の開発および実装）
- Regulates internal controls to maintain financial security.（財務安全性を確保するための内部統制整備）
- Protects company's privacy, integrity and value by keeping information confidential.（情報機密保持による会社の機密情報，信頼性，企業価値を維持管理）
- Uses educational and professional resources to enhance knowledge and skill set.（教育的および専門的な会社資源（リソース）を使用して，知識とスキルを強化）
- Achieves accounting and company goals and mission.（会計や会社自身の目標と使命を達成）

Skills and Qualifications（スキルや資格）– Accounting Manager（経理マネージャー）：

- Bachelor's Degree in Accounting or Finance（会計または財務を専攻して大学卒業）
- More than 5 years supervisory experience in financial reporting（財務報告における5年以上の管理経験）
- Knowledge of accounting principles, standards, regulations, laws and practices（会計の原則，基準，規制，法律および慣行に関する知識）
- High attention to details（細部への留意・注意力）
- Advanced computer skills in MS Office Suite, accounting databases and software（マイクロソフトオフィススイート，会計データベース，お

> およびソフトウェアの高度なコンピュータスキル)

　このように，役割，業務内容，求められる知識とスキルについて，明確に記されており，この業務に対して報酬が決められている。「成果主義」をするためには，そのゴール設定をしなければならないのであるが，この「ジョブ」記載がゴールとなる。よって，決して営業の売上目標のように数値化されているものではなく，業務を明確にした上で，あとは定性的評価なのである。よって，欧米企業でさえ，経理財務部門をはじめとした管理部門に定量性評価をしているかというと，それはやはり難しく，このような「ジョブ型」にして専門性に対する評価を定性的にしているのである。

　ただ，ここで注意しなければならないのは，「ジョブ型」にするには，業務内容をしっかり定義しなければならない点である。かなり細かい定義を想像するかもしれないが，上記例を見てみると，そうでもないことがわかる。「Job Descriptions – Accounting Manager」の内容を見てみると，具体的な業務内容というよりも「役割」に近い。いわば，Accounting Managerとして当たり前の内容が書かれている。この程度で問題ない。上席者はこの項目に対して，それぞれ達成しているか，不十分かの評価を行い，昇給や昇格などの判断を行う。ただし，昇給や昇格する場合には，当然このJob Descriptionは変わる。会社にとってより価値の高い業務が付加されるのである。価値が高い業務になるから，昇給や昇格となる，といった考え方になる。

　これが「ジョブ型」の基本スタイルである。

　一方，「ジョブ型」は専門業務や定義されている従来型業務（営業や生産など）には向いているが，革新的な仕事をすることが求められる職務には向いていないともいわれる。つまり，決められた仕事以外はしない，といったことが起こるからである。これが，よく海外で起こっている「ジョブ型」の弊害である。よって，革新的なIT企業などでは，Job Descriptionを定義しない雇用の仕方も増加している。ただ，経理部門におけるJob Descriptionは，それほど革新的な業務は，いい意味でも悪い意味でも多くないと想定されるため，「ジョブ型」が十分に機能すると考えられる。

　テレワークで人事評価をするためにも，まずこのJob Description（職務内容）

を明確化し，「ジョブ型」で業務をすることをお勧めしたい。キャリア形成の見える化にも役に立ち，スタッフの動機付けにもなる。

(2) 定量的評価

経理財務部門で「ジョブ型」体制を確立したとしても，それでも定量的評価（KPI）は必要と考える。「ジョブ型」はあくまで，個人のパフォーマンスに焦点を絞ったものであり，その結果が客観的な形で見えるわけではない。筆者が過去に外資系企業に勤務していた時，経理財務部門に課されていたKPIは，例えば下記のとおりであった。

- レポーティング締切日などを含めた業務スケジュールの厳守（遅延しない回数）
- レポーティング数値の大きなエラー
- 業績（所属会社およびグループ全体）

これらは，全体の25％程度の評価であったと記憶している。上記を見ると，個人のパフォーマンス要素もあるが，報酬の業績連動については，所属する組織の一員としてこれも大事な要素であり，いくら管理部門であっても求められるべきである。このように定性的評価だけではなく，客観的な定量的評価，業績連動などを含め，大事なことは役割と期待値を明確にした上で，人事評価や報酬を決定していくことが，成果主義的な人事評価施策として考えられる方法であろう。

7 経理財務人材の報酬

日本における経理財務人材の報酬（給与）は，平均的か，場合によっては営業職や技術職などビジネス前線の職種に比べると低いかもしれない。しかし，海外における経理財務人材の給与は，一般に比較的高い。特に，CFOや経理部長レベルの高級人材は，場合によっては日本本社における同人材の給与を超

える。日本における外資系企業のCFOや経理部長レベル（ファイナンシャルコントローラなど）の高級人材の給与も高い。経理財務スキルのほか，外国語スキルが必要な場合が多いからである。

なぜ，海外企業の経理財務人材が高給になるのか。高給であるということは，企業価値に貢献する度合いが大きいからであるが，その要因を認識したい。

(1) 経理財務業務の専門性の高さ

いうまでもなく，経理財務業務は専門性が高い。単に会計仕訳を会計システムに入力することや経営資料作成などの事務作業が主ではなく，財務分析やガバナンス活動，難易度が高い会計処理（減損，税効果，退職給付会計など），監査法人対応，税務申告，財務管理（資金繰りなどを含むキャッシュマネジメント），さらにKPI管理や適時開示対応など，多岐にわたる難易度の高い業務が必要となる。

海外においては，このような専門性の高い業務について，企業にてOJTなどで育成することはせず，即戦力登用である。大学などで当該領域を専攻し，基礎知識を身につけた学生を採用する。学生も，自分のキャリアについて，経理財務分野を歩む職業専門家という決意をもって企業に就職する。

一方，一般的な日系企業の採用方法は総合職採用であり，経理財務部門に配属される人材は，特に経理財務スキルを大学などで専攻した学生はあまりいないだろう。逆に，例えば新卒採用時に当該企業の経理財務部門を希望したり，採用面接時の志望動機で「御社の経理財務部門が素晴らしく，そこで働きたい」などということもほぼないであろう。よって，経理財務スキルの知識も十分にない中で採用され，OJTで鍛えられることになる。その場合，当該企業における業務には長けているが，他社でそれが通用するかは難しいかもしれない。つまり，日系企業においては，自社で社員を養成することが主流であるため，なかなか過去の職務経歴や大学などで学んだ専門的知識を使う想定がない。

そのような想定で考えると，日系企業では経理財務部門に高い専門性があるという評価をしておらず，したがって外資系企業に比べると給与が劣ってしまうのだろう。

(2)　経理財務業務の高い倫理観の必要性

　経理財務部門には，実は高い倫理観が必要であることは認識しているだろうか。もし，経理財務部門の倫理観が低いと，お金や記帳を握っている部門であるので，簡単に不正ができてしまう。例えば，他部門から不正を依頼（売上の水増しなど）されて，それを簡単に受け入れてしまうような低い倫理観であると，記帳や経営数値の信頼性が失墜し，正しい意思決定ができない。

　CFOや経理財務部門に高い報酬を払うのは，それなりの高い倫理のある人材を配置しておくという意味もある。高い報酬を支払うことで，不正をする動機を抑えるのである。つまり，高い倫理を保つためには，経済的独立性を保つ必要があるのである。経理財務部門は，業績連動報酬の割合は一般的に少ないので，不正を行う動機は低いが，事業を行っている部門から，不正への協力を求められる可能性がある。その際に，その不正への協力に誘惑されないような報酬レベルは確保することも必要であろう。

(3)　雇用流動性の高さ

　一般的に経理財務業務は，企業に特定した業務は少なく，比較的共通化したものが多い。そのような意味で，雇用流動性が高い。雇用流動性が高いということは，需要と供給という市場の原理で給与や報酬が決定することになる。つまり，スキルが高い人材で，市場における需要が高ければ，高い報酬になることは，市場の原理として当然ということになる。第1章でも触れたように，日本では近年雇用の流動性は高くなってきており，報酬も徐々に高まってきているとはいえ，まだまだ終身雇用的な文化が残っており，中途採用者や専門職に対する報酬がそこまで高くならないというのが現状であろう。

　報酬は主に，企業価値への貢献度合いと，人材の需要と供給バランスによって左右されると考えられるが，経理財務部門においては，企業価値向上のための目に見える活動と，高い報酬を目指す意気込み（転職時における高い報酬の主張）が相互に作用すれば高い報酬となろう。国際的には，CFOを含む経理財務人材は高い報酬を得ている。日本においても，経理財務人材が高い評価を得て，高い報酬となっていくことを望みたい。

第2節	企業価値を創造できる 人材になるために

　ここまで，将来の経理財務業務の展望について述べてきた。最後に，本書で さんざん言及した企業価値を創造するための人材になるために，留意したい点 を挙げてみる。

1　価値に敏感になる

　本書では，経理財務部門は企業価値に真っ先に積極関与することを推奨して きた。特に非財務価値，サステナビリティなどの情報などに関する業務である。 その場合には，当然それらの技術的な知識が必要であり，例えば，ISSBから 公表されたIFRSサステナビリティ開示基準や欧州サステナビリティ報告基準 （ESRS：European Sustainability Reporting Standards），さらに今後日本でも サステナビリティ基準委員会（SSBJ）から公表される予定の日本におけるサ ステナビリティ開示基準など，理解しておく必要はある。

　ただ，サステナビリティ開示基準は，気候変動関連，人的資本関連，生物多 様性など範囲が幅広く，経理財務部門としては，これらをすべて深く理解する ことは難しい。逆にいえば，これら専門領域についての数値の算定などについ ては，その領域の専門家に依頼することも1つの手段である。

　経理財務部門として取り組まなければならないのは，これらのうち自社で重 要な項目は何かを決めることである。開示基準でいえば，マテリアリティ（何 を開示すべきか）であり，自社にとって企業価値に大きく影響を与える項目を 選定することが，役割の1つになる。企業価値に大きく影響を与える項目とい うのは，長期的に財務項目に影響を与える意味を表す。そのような視点に鑑み て，経理財務部門では自社における企業価値に影響を与える無形資産活動や， NFTなどの新しい技術を駆使した資産などに敏感になり，企業内外にその内 容について提案・報告できるようになることを期待したい。

(1) 非財務価値の創出例：観光業

　まず，企業価値に関与するとしたら，身の回りにある価値に敏感になりたい。特に金銭的価値以外の価値，非財務価値である。日本は，金銭的な経済価値の代表的指標であるGDPについては，米国や中国に後れを取ってきている。それでは，その経済的な後れは，社会的にどのように影響しているのか。筆者の感覚では，日本における社会的な魅力はむしろ向上しているように見える。それを示している象徴的な事例は，観光産業であろう。観光産業の価値は，それこそ観光資源であり，有形なものを譲渡したり消費したりするものではない。では，観光業の持つ価値創造プロセスはどのようなものなのであろうか。

　現在，観光業は2015年を境に，訪日外国人旅行者数が出国日本人数を上回っている。2020年からの3年はコロナ禍の影響が大きく，出国・入国ともに激減しているが，それ以前は訪日外国人旅行者数は順調に増加しており，コロナ後はオーバーツーリズムといわれるほど，インバウンド需要は増加している。コロナ前の統計ではあるが，訪日外国人旅行消費額は，2019年約4兆8,000億円となっており，これを製品別輸出額で見ると，自動車，化学製品についで3番目となる。旅行消費額は，旅行そのものの魅力だけではなく，「爆買い」といわれるように日本製品が購入されているという意味では，日本企業が創出している価値そのものともいえる。

　また，経済波及効果もかなり大きい。2019年実績で，旅行消費額は29.2兆円，生産波及効果が55.8兆円であった。この年の実質GDPが550兆円であったことを考えると，産業としてもかなり大きな割合であることが窺える。また，観光業による雇用の誘発効果は456万人で，同年の日本における総労働人口が6,886万人であることからすると，こちらも観光業による影響が大きい。

(2) 非財務価値の創出例：カフェ

　もう少し単純な事例を挙げてみる。筆者は，カフェなどで執筆をすることがあるが，最近のカフェは商品の値段が高い。某カフェチェーンでは，昔は180円でコーヒーが飲めたと記憶しているが，現在は275円である。物価が上昇しているのだから当たり前という論理もあるが，昔のカフェとは明らかに違う価

値を提供しており，その価値について納得して享受しているからこそ，その値段を支払っている。

カフェを利用する方は多いと思うが，最近は無料Wi-Fiがあり，長時間座っても疲れない座席があり，快適である。この「快適」という価値にお金を支払っている部分が多い。コーヒーは，どちらかというと快適に過ごしてもらうための付随物品ではないかと思えることすらある。さらにいえば，もう少し高級なカフェやホテルラウンジなどでは，コーヒー代金はもっと高額である。1,000円を超える場合も少なくない。こうなると，（細かく検証したわけではないが）コーヒー代よりもいわゆる場所提供代のほうの割合が高いように思える。これは，財務価値よりも非財務価値のほうが割合が高い事例の１つと考えられる。

(3) 非財務価値の創出例：サブスク

一方，財務価値を中心とした有形物提供から，非財務価値を中心としたサービス提供となっている事例もある。いわゆるサブスクである。サブスクは「サブスクリプション（subscription）」の略で，英語では「予約購読」，「定期購読」，「会費」などの意味の言葉であり，サービス形態として月額課金・定額制で契約するサービスを指す。サブスクはモノを所有するのではなく，必要な時に借りて利用するスタイルのサービスである。新聞購読やインターネットのプロバイダー契約など従来の定額制のサービスは，企業目線で料金やサービス内容が決められていたのに対して，サブスクはユーザー目線のニーズに応えて料金やサービス内容が変化するのが特長である。

サブスクのサービス事例を挙げると，例えば車のサブスクなどは新しい形態のサービスである。従来は車を利用するには所有することが基本となっていたが，サブスクでは所有権を持たない利用権を購入する契約となる。これは，会計基準的にいうと（原則として）レンタルとなる。そうなると，B/Sでいえば，今までは所有していた（もしくは所有と同様のリース契約であった）車両として有形固定資産に計上されていたものが，サブスクではレンタル会計処理であるとすればレンタル費用のみP/Lに計上されるだけで，B/Sとしては計上されなくなる。企業としては，ROAやROEを意識して経営効率性向上のためにサブスクやレンタル取引をしたかったわけではないが，結果として有形物取引か

ら無形サービス取引に変換していることになる。まさに，非財務価値に価値が転換している事例でもある。

　以上のように経理財務部門は，非財務価値の本質とは何か，何が非財務価値となっているのか，そしてその非財務価値の提供が企業価値そのものであることに敏感でありたい。そのためには，前述したように，非財務価値を常に身をもって感じて，その価値創造プロセスがどのようになっているかを考察するようにしたい。

2　プロセス志向能力

　経理財務部門は，基本的には財務・非財務にかかわらず数値（データ）を取り扱う。この数値は，ある特定の1人が生成して報告するのではなく，業務プロセスを経て経理財務部門に報告される。そうなると，信頼できる数値（データ）が報告されるかは，業務プロセスの信頼性とほぼ同義である。内部統制の留意事項として，「正確性」，「網羅性」，「妥当性」を本書では挙げているが，これらに留意して効果的・効率的な内部統制を含んだ業務プロセスを構築できる能力は必要である。

　経理財務人材の特性は，それぞれ個人の資質やスキルによるところが大きいが，個人でできる範囲には限界がある。個人における経理・財務・税務など専門的な知識を用いて業務品質を維持・向上することは大事であるが，安定した誤謬や不正のない数値を集計して報告するためには，その集計過程である業務プロセスが大切であることを認識しなければならない。誤謬を防止するためには，個人のスキルや資質に依存するような業務手続は，なるべく避けるべきである。そのためには，なるべく業務を細分化して，複雑化しないことが必要である。また，不正を防止するためには，実効性のある確認や承認作業を業務プロセスの中に織り込むことが重要となる。

　この場合，単なる批判的な視点ではなく，提案的な視点も持ちたい。例えば，複雑な業務を現在実施している担当者が退職や異動をし，代替できる人材の確保が難しいと考える場合には，業務を「作業」と「判断」に分離して，「作業」

を自社従業員へ，「判断」を外部の専門家もしくはCoE（本章第1節 2 参照）で対応するなどの案が提案できる。他の例としては，PDFで送られてきた支払請求書を複数の従業員が同時に処理してしまい，重複して支払処理がされてしまったような場合，受信するメールアドレスの統一とか，電子メールボックスなどの採用などが提案できる。ただ，このようなアイデアは，他社事例などを常に自身で拾っていく行動が大事となる。外部セミナー参加やネットでも多くの事例があるので，外部情報に常に敏感になり，スキル・知識の向上をしたい。

　このように，業務プロセスを評価して，提案を含めて内部統制を構築する役割を担うことは，社内の役割として重要である。これは内部監査の役割であり，経理財務部門の役割ではないと考えることもできるが，数値の信頼性を確保するための内部統制の整備・運用は経理財務部門が責任を負うべきであり，そのためのスキル・資質を磨き，内部監査部門の支援にも役立てたい。

3 ITリテラシー向上

　現代の経理財務部門では，業務はパソコンで行われることがほとんどであり，また会計システムやインターネットバンキング，その他業務処理のためのシステムが導入されている場合が多く，そのような意味でもIT化は他部門よりも進んでいるといえる。ただ，経理財務部門におけるITスキルは，ほとんどスプレッドシートスキルや基幹業務システムなどの操作に限定されており，ここではもう少し広い意味でのITリテラシーを向上させることを考えたい。ITリテラシーとは高度で専門的なスキルではなく，ITに関連するすべての業界，さらにいえばPCを使用して業務を行うすべての人に必要な能力であるといえる。

(1) ITリテラシーの分類

　ITリテラシーというと，通常は下記の3つに分類することができる。

① 情報取扱リテラシー

情報を扱い，取捨選択することができる能力のことを指す。経理財務部門では，業務に関連する課題や疑問点について，インターネットなどや最近ではChatGPTなどの生成AIにより検索できることも多い。検索したものをそのまま利用するのではなく，きちんと裏取りをして（出自の確認，法律や基準などの裏付け確認など），実務に反映していくといったスキルと能力である。これは，仕事の姿勢と思われがちであるが，検索→裏取り調査→具体的な実務，というプロセスを具現化できるのは，1つの能力である。

② 秘密保持リテラシー

ITは便利であると同時に，情報漏洩など誤った運用をした場合のリスクも大きくなる。また，発信側が意図しない受け取られ方をされて炎上するケースも増えている。個人／企業ともに簡単に情報を発信することができるようになったからこそ，モラルやプライバシー保護，セキュリティ対策は必須である。経理財務部門で扱う情報のほとんどが守秘義務に抵触する情報であり，このITインフラリテラシーについては，より敏感である必要がある。例えば，作業で用いたデータやスプレッドシートなどの取扱い，メール誤送信などに対する自身の操作への注意深さ，公共の場所における業務上の話をする際の配慮，などである。

特にコロナ禍以降，テレワークが一般的になりつつある中で，自宅で仕事をする場合も多い。自宅で家族がいる中，リモート会議で「得意先のXX会社は先日支払遅延しているから，貸倒れの引当対象に含めるべき」などと話をして，子どもが学校でそのことを意味がわからず拡散してしまうなど，意図しないリスクも考慮しなければならない。筆者の所属する公認会計士業界では，会社名はイニシャルや場所など，話す場所を問わずいわゆる隠語を用いている。これは，公共の場所だけではなく，自身の事務所でも同じである。そのような習慣を日常化することで，守秘義務に敏感になることを常に認識しているのである。

③ アプリケーション利用リテラシー

ITリテラシーの文脈で一番多く語られるのが，アプリケーション利用リテラシーである。PCやソフトウェアを使いこなすスキルや知識のことで，スプレッドシート技術や基幹業務システムなどの操作技術を指す。それだけではなく，コロナ以降では，様々なリモート活用ツールが業務に利用されており，例えば下記ツールについての利用技術も含まれてくる。

- オンライン会議ツール
- チャットツール
- クラウドツール（共有フォルダ，電子ワークフローなど）

現在では，このようなツールについても導入する企業が増加し，使いこなせるリテラシーが求められるようになってきている。

(2) ITリテラシー向上のための施策

それでは，ITリテラシーを向上させるために，どのような施策が必要かを次に記述する。なお，ITリテラシーは，プログラミングやデジタルマーケティングなど高度な知識を要するものではなく，PCを使って仕事をする上で必要な基礎知識である。よって，個人個人が「複雑そう」「自分には必要ない」と考えずに取り組むことが重要となる。そのために，下記手順に従って施策を実行したい。

① 動機付けをする

ITリテラシーが低ければ，生産性が低くなってしまい，情報漏洩リスクも高まる。もしITリテラシーが高ければ，生産性が向上し，情報漏洩リスクも低くなる。生産性の高低については比較が難しいが，例えばスプレッドシートに標準搭載されている機能をより使いこなせれば，さらなる生産性向上が見込まれる。実は，一般的には，スプレッドシートに標準搭載されている５％もいかない機能だけしか用いられていないことが多いといわれている。経理財務部門ではデータを取り扱う業務が多いことから，スプレッドシート機能をより活用することで，大きく生産性が向上することは間違いない。そのためにも，これらの技術や機能知識を習得することは，より業務の生産性に直結することに

なる。

② 社内制度を整備する

　自社で講師などを呼び，研修会を開催することもよいが，ITリテラシー向上のための研修を行う業者は多く，そこに参加することでもよい。最近では，eラーニング形式でリモート受講することも可能となっていることが多いため，効率的かつ効果的に受講ができる。費用もそれほど高額ではない。年に何時間かは，このようなITリテラシー学習に時間を割くことを経理財務部門内で義務化してもよいであろう。

　また，これらの学習は管理職や上級職が率先してやらなければ，従業員への動機付けにはならない。特に，中高年の管理職は，このITリテラシー向上のための学習に真っ先に取り組むべきである。「自分はIT音痴だから」といって，それを自慢する管理職などがいるが，それがどれほど従業員の士気を下げているかを認識してもらいたい。ITリテラシーの向上は，経理財務部門においては必須の課題であり，従業員内に共通意識と理解を生み出すことが大切なのである。

③ 実際にDX化

　個人が，外部学習などでITリテラシーが向上しても，組織自体がそれに対応していなければ意味がない。それがいわゆるDX化である。DX化は投資を伴うものであるので，管理職や上級職が方向性を示して推進するものである。実際の業務で新しい試みやソフトウェアに触れる環境を整えることで，ITやインターネットに対する抵抗感が低減し，ITリテラシーが向上することになる。

4　データ分析

　現代において，ビジネスを成功させるためには，データが重要な一要素であることは自明である。そのためには，このデータ分析機能を経理財務部門においても充実させる必要がある。従来の財務分析で経営指標（ROEやROIC，EBITDAなど）として利用するというだけではなく，いわゆるビッグデータ

や取引データなどの大量データから，性質や異常性などを分析する能力である。そのための，経理財務部門におけるデータ分析に関する教育も前進させなければならない。具体的には，データ科学，分析，透明化である。

　データ分析業務は，今後経理財務部門が企業価値に貢献する新たな分野であり，従来の経理財務部門には求められていなかったスキルでもあるため，企業の経理財務部門における教育を強化することは，意義が大きい。特に，デジタル化時代においては，会計プロフェッションの世界団体である国際会計士連盟（IFAC）でも，公認会計士などの会計プロフェッションに対するデータ関連教育は重要なテーマとしている。なお，国際会計士連盟で議論しているデータ関連教育に対する重要な課題としては，下記が挙げられている。

- キャリアのどの時点で，どの程度のデータ関連教育が適切か。
- データ関連教育の成果をどのように測るか。
- データ関連教育における必要な分野はどこか。
  - 統計分野
  - データアプリケーション分野（データガバナンス，データアーキテクチャー，データ作成と保存，データ変換（抽出と変換），データ操作とモデリングおよび機械学習やアルゴリズムを含むテクノロジースキル等）
  - ビジネスドメインとデータアプリケーションとの関連（問題と機会を特定するためのビジネスの理解とデータ分析の連携）
- 研修機会やツールがまだ少ないため，どの外部機関を使い，どの程度の期間が適切か（大学，専門学校，ビジネススクール，コンサルティング会社提供講座など）。

5 ガバナンス・リスク・コンプライアンス（GRC）

　経理財務人材には，当然ながら会計・財務・税務などの知識も重要ではあるが，会計事務所などの専門職ではなく，企業に勤めているのであるから，業務に必要な知識は広範に持っておいたほうがよい。1つは，上述したようにITリテラシーなどのIT関連スキルであるが，もう1つはこのガバナンス・リスク・コンプライアンス（GRC）スキルである。多角化・グローバル化がますます進む企業において，GRCをいかに適切に整備・運用できるかは，重要な経営課題となっている。

＜参考：GRCとは＞

① ガバナンス：組織の目標を適切に策定し達成する仕組み

　ガバナンスは，企業がビジネス目標を達成するためのポリシー，ルール，またはフレームワークであり，取締役会や経営層において，それぞれの役割と責任を明確にする。ガバナンスは，組織の目標を達成するための策定に関わることから，企業価値向上に直接貢献していくこととなる。

② リスク：目標達成に影響を与える要因（リスク）を適切に把握・管理する仕組み

　企業は，財務，法令，戦略，セキュリティのリスクなど，様々な種類のリスクに直面しており，適切なリスク管理のためには，企業がこれらのリスクを認識し，それを最小限にとどめる方法を見出す必要がある。リスクを最小限にとどめることにより，企業価値の毀損を防止する。

③ コンプライアンス：法規制・社内規定や社会規範に準拠する仕組み

　コンプライアンスとは，規則，法令，規制に従う行為である。これは，産業団体によって設定された法的要件および規制要件，ならびに社内規定にも関係する。コンプライアンスには，事業活動がそれぞれの規制に準拠しているようにするための手順の実施も含まれる。例えば，経理財務部門においては，会計基準や金融商品取引法などに準拠することは当然である

が，その他個人情報保護法などの関連法令，会社としては業界法令などを遵守することが必要である。これらも，法令遵守しないことによる企業価値の毀損を防止する。

　なお，経理財務部門においては，GRCについて細かく理解する必要はないが，少なくともこのような仕組みが組織に必要であることと，経理財務部門が取得するデータや情報が適切なGRCの整備・運用から生成されるものであることの認識は必要である。

　それでは，経理財務部門では，具体的にどのようなスキルや知識を習得すればよいのか，下記に挙げてみる。

(1)　ビジネスモデルとの関連性

　GRC業務を実施するためには，まず企業のミッション，ビジョンと価値（バリュー），および目的（パーパス）をしっかりと把握する必要がある。そして，企業全体の多岐にわたる業務について，ビジネスモデルと価値創造サイクルを理解することが重要となる。効果的なリスク管理対応は，その隙間から落ちている，もしくは落ちていく可能性がある価値を認識することから始まる。よって，自社がどのように価値を創造しており，利害関係者や変化する外部環境に対してどのような準備をしているかという観点で施策が行われる。

(2)　COSOフレームワーク

　実績のあるCOSOフレームワークを理解することで，相互関係性のあるリスク管理アプローチを実施でき，また様々な状況におけるリスク管理対応に対して応用ができる。COSOの内部統制フレームワークは，事業体が達成すべき3つの目的と5つの統合された要素から構成されている（**図表4-2-1**参照）。これらの内容については本書では割愛するが，ガバナンスを理論的に理解することは重要である。企業に勤務されている方は，とかく実例や実務から内容を学ぶことが多いが，これだと応用が効かない。特に，近年のリスク管理は厳格化が求められており，また様々な不祥事などが起こった場合には，それこそ社

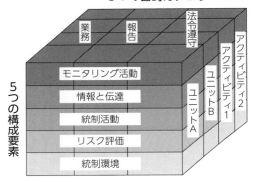

図表4-2-1　COSOフレームワーク

外に対して理論的に説明をすることが肝要である。そのためにも，COSOフレームワークを通じてガバナンス理論を学びながら，なぜそのGRC業務を行うことが必要なのか，またその効果がどの程度なのかを考えていくきっかけにもなる。

(3) 高度な定量化（数値化）と統計スキル

　GRCに関連するリスクはとかく定性的であり，そのリスクに対応するための内部統制構築へのコストや投資をどの程度すればよいのかがわかりにくい。つまり，ROIの判定が難しい。もし，リスクを定量化して数値化できれば，企業活動として金銭的な対応をするべきか否かがわかりやすくなる。

　リスク評価と定量化手法は，リスクによる企業活動への影響を認識し，統計，データモデリング，分析といった専門技術により行う。これらは，企業の意思決定を支える必要不可欠な情報となる。リスクの定量化には，下記のような手法がある。

- What-ifシナリオ分析（仮説を立てたシナリオが発生した場合にどうなるか）

- 感度分析（リスク事象の影響度を分析し，どのリスク事象が潜在的な影響を一番大きく抱えているかを判断する）
- ディシジョン・ツリー分析（複数の選択肢・代替案がある中で期待金額価値（EMV）を比較する）
- インフルエンス・ダイアグラム分析（因果関係，事象の時系列，その他の変数と結果の関係から定量化する）

　上記の詳細な説明は割愛するが，いずれにしてもリスクによる影響金額と発生確率によって定量化される。確率を扱うので，統計スキルは必要である。会計処理にも「発生可能性」が使われるが，リスクの定量化には，より精緻なデータによる分析が必要となることもあり，統計スキルを用いることになる。

(4)　リスク感度スキル

　リスク管理は原則として全社に及ぶが，リスク管理やガバナンスなど，特に耳の痛い話については，他部門からの関与について消極的になることもある。GRC活動を組織横断的に行うためには，経理財務部門がより組織全体でのリスクに対する感度を高め，その対応を促すことで，ガバナンスの役割を果たしたい。ただ，これを実行するためには，他部門に敬意を払い，また自部門への信頼を引き出すことが欠かせない。経理財務部門は，とかく自閉的になりがちだが，他部門とのコミュニケーションを積極的に行い，会社にとって都合の悪いことを（非公式であっても）真っ先に相談してもらえるような関係を作ることも重要であろう。

(5)　監視（モニタリング）スキル

　ガバナンスや内部統制が適切に働いている場合には，不正や誤謬は内部統制から防止・発見されるが，ガバナンスや内部統制が無効化した場合には，特に重要な不正や誤謬が発生しやすい。そこで，経理財務部門においては，ガバナンスや内部統制が適切に働かなかった場合でも不正や誤謬を発見できる「監視（モニタリング）」というスキルを持っていただきたい。

モニタリングとは，監視，観察，観測を意味し，対象の状態を継続または定期的に観察・記録することを指す。経理財務人材は，自ら仕訳を作成したり，会計基準に従った数値算定が得意であることが多いが，このモニタリングという監視スキルを持っている方は意外と少ない。なぜ，これが重要かといえば，現在の経理財務業務は，場合によってはほとんどの仕訳が上流システムからの自動仕訳が多いこと，そして上述したように内部統制が無効化した場合には，この監視（モニタリング）から発見することが次の手段になるからである。

具体的な手続として，監査法人が実施している仕訳テストの例を挙げてみたい。この仕訳テストは，経営者の内部統制を無効化に関係したリスク対応手続として，監査基準報告書240「財務諸表監査における不正」に定められている監査手続で，リスク評価にかかわらず実施されなければならないとされている。なぜならば，経営者による内部統制を無効化するリスクは，予期せぬ手段により行われるため，リスク評価の結果に関係がないからである。仕訳テストは，重要な仕訳入力および修正について検証する手続のことを指す。もちろん，手作業で実施しても構わないが，仕訳数が多くなるとシステムで実施するのが効率的であり有効性も増す。テスト方法としては，留意すべき仕訳について検出して，その検証を行うといったものになる。留意すべき仕訳とは，下記のようなものとなる。

- 期末日に行われた仕訳入力または修正入力
- 取引とは無関係なまたはほとんど使用されない勘定を利用した仕訳入力
- 入力担当者以外によって入力された仕訳入力
- 期末または締切後の仕訳入力のうち，摘要欄の説明が不十分な仕訳入力
- 未登録の勘定科目を用いて行われる仕訳入力
- 同じ数字が並ぶ数値を含んでいる仕訳入力（例えば，0000や9999）
- 非定型的な仕訳入力やその他の修正
- その他，会社や業界などを勘案した仕訳入力（例えば，小売業取引先であれば，決算日の多い2月末日など）

(6) 誤謬や不正の分析による組織における経験蓄積

経理財務実務は，常に誤謬や不正と隣り合わせといっても過言ではない。その中には小さなものから大きなものまで様々である。ただ，発生してしまったものをそのまま修正するだけでは，同じ事象が再発してしまう。よって，これらについては，なぜ発生したのか，さらにその再発防止について分析をしなければならない。

その際に留意しなければならないのは，例えば，何らかのミスがあった場合に，特定の個人が確認を怠った，もしくは確認するスキルが不足していた，といったような，個人のスキルや資質に起因しているといった原因分析を行わないことである。このような原因分析による改善策は，その特定の個人のスキルや資質の向上だけということになる。そうなると，組織としてはその業務を担当する個人は，必ずそのスキルと資質を保有している人材を登用しなければならない。もちろん，業務には最低限必要なスキルと資質が必要であるのは当然であるが，そのスキルと資質をミス防止のために使うことは芳しくない。仕訳テストのように，手続として不正や誤謬を発見・防止することが目的であればよいが，個人のスキルや資質はそのために保持しているものでもない。

また，内部監査などのガバナンス業務は，誤謬や不正を防止するための目的でもあるが，ここでも個人のスキルや資質に依存するのではなく，定められた手続として実施するものである。個人のスキルや資質に依存するような内部監査であれば，手続の質は確保されず，その内部監査の結果は信頼できるものではないかもしれない。

このように，個人のスキルと資質に依存した業務品質の確保は避けなければならない。もちろん単純なミスもあるかもしれない（例えば8とBを見間違えるなど）が，それでもなぜそれが発生したのか（文字が小さすぎて判別できなかったなど），本質的な要因まで追及して，改善策を講じるべきであろう。さらにいえば，ミスの要因と改善策については，履歴を残し，後世に伝えるべきである。クレームは会社の財産といわれるように，経理財務部門におけるミスは，今後の財産とすべきなのである。

(7) ERP特有の管理勘定科目

現在，多くの企業でERP（Enterprise Resource Planning）と呼ばれる基幹業務システムが導入されている。基幹業務システムなので，会計システムのほか，販売管理，購買管理，在庫管理などのビジネス業務プロセスとリアルタイム連携しているシステムである。このようなシステム導入の歴史は古く，1990年中頃から全世界的に導入が始まり，日本においても大手企業を中心に導入が広がった。ただ，日本においては，各企業で業務プロセスをERPに合わせるというよりも，ERPを現行の業務プロセスに合わせていった結果，カスタマイズと呼ばれるシステムを別途修正して利用することが一般的となっていった。そのため，ERPが本来持っている内部統制的な機能については，あまり活用されていない例がある。

その1つは，ERP特有の管理勘定科目である。下記にその事例を示してみる。

図表4－2－2 ERP自動仕訳

	ERP自動仕訳		簿記（三分法）	
発注	－	－	－	－
仕入納品	棚卸資産	買掛金未請求（統制勘定）	－	－
仕入請求書	買掛金未請求（統制勘定）	買掛金	仕入	買掛金
支払処理	買掛金	現預金	買掛金	現預金
決算処理	－	－	仕入	期首棚卸高
			期末棚卸高	仕入

上記の「買掛金未請求」という勘定科目は，仕入納品されて在庫が計上された後，仕入請求書が届くまでの勘定科目となっている。なぜ，この勘定科目が必要かといえば，ERPはリアルタイムで仕訳が計上されるため，在庫計上と支払請求書の時間差を埋める役割があるのと，仕入請求書が届いた際に，納品がすでにされていることを確認するという管理目的を持っているからである。この勘定科目は，下記のような警告と提案を発してくれる。

- 納品されていないのに仕入請求書が届いた場合には，買掛金未請求の取引から選択できないので，納品されていない仕入請求書が届いたことを知らせる。もちろん，前金支払であれば問題ないので処理を進めることができるが，もし納品されていない，もしくは発注キャンセルなので納品されない，といった事象が仕入請求書に反映されていない場合には，支払を止めることができる。
- 通常は納品が済めば，支払請求書が届き，その時点で当勘定科目から消込が行われるため，勘定科目に取引が滞留することはないが，もしこれが滞留しているとすれば，仕入請求書が来ていないか，本来は支払わなくてもよい販促品などであり，在庫から販促品等に勘定科目を振り替える，などの修正可能性を示唆する。
- 買掛金未請求勘定が仕入請求書金額と異なる場合，発注金額と請求金額が何らかの理由で異なってしまっていることを示唆している。例えば，発注金額が取引中に交渉により変更になったり，納品に不良品が含まれていて発注数に満たなかったりした場合には，仕入請求書金額と異なる可能性がある。その場合には，当然支払を修正するか，発注単価変更が反映されていなかったり納品数が誤っていたりすることを確認しなければならない。

もう1つ事例を挙げてみる。

取引先からの入金：
（借）現　預　金　　　　XXXX　　　（貸）入金消込前科目　　　XXXX
売掛金消込：
（借）入金消込前科目　　　XXXX　　　（貸）売　掛　金　　　XXXX
（取引先別，取引別消込）

通常は，取引先から入金したら売掛金の消込を行うが，売掛金は補助元帳などによって取引別に消込が必要であり，場合によっては入金日にできない場合

も多い。しかしながら，現預金勘定は，当日帳簿残高と口座残高を突合する手続を毎日行うことが推奨されており，もし売掛金消込に時間がかかり，現預金勘定に入金取引を反映できないと，当然ながら帳簿残高と口座残高は突合できなくなる。そのため，まずは入金したら現預金残高を口座残高と合わせるために，この入金消込前勘定を用いて，売掛金消込業務はその後に落ち着いて行う，といった業務手順で行えばよい。

　今現在は，この消込作業については，自動学習機能などで効率化させる機能がシステムにも搭載されていることも多くなってきており，作業工数も削減できつつあるが，販売取引と入金取引については，企業収益に関わる重要な業務プロセスであり，特にこの消込作業品質が落ちると，入金漏れしたり，取引先に誤った情報で営業担当がコミュニケーションしたりして，会社としての信用に関わる可能性がある。よって，この入金作業については，正確かつ慎重に行う必要があり，場合によってはある程度時間工数がかかっても仕方がない。しかし，銀行預金残高を帳簿と口座で確認することも重要な手続であるため，この両方の管理を適切に誘導してくれるのが，この入金消込前科目である。

　ERPにはこのような管理勘定があり，経理財務部門としては，これらを用いて効率的かつ効果的な，内部統制活動を実施していただきたい。

6　問題解決能力

　経理財務部門において簿記や会計基準，税法などの知識を学習することは必要であるが，さらにその上で，実務上は問題解決能力を鍛えてほしい。問題解決能力はビジネス一般論として重要なスキルと資質であるが，特に経理財務人材において必要なのは，検索能力，事実確認と分析，提案能力である。

(1)　検索能力

　検索能力は，今や会計，税務，財務などについては，すべての企業に関連することでもあるので，ネットを適切に検索すれば，ほとんどの情報は得ることができる。あとは，適切な情報を得るためには，どのような検索をすればよいのかというスキルが重要となる。下記は，ネット検索方法の事例である。ただ，

最近は生成AIなどで簡単に検索できるので，今後は生成AIの利用が容易であり，主流になるであろう。

---

① AND検索：単語の間に空白を入れると対象の両単語とも含まれるページなどを検索することができる検索方法
② OR検索：最も幅広く検索したい時に使う検索方法で，対象の単語をすべて含んだページなどを検索する方法
③ NOT検索：対象のキーワードを除いて検索する方法
④ 完全一致検索：その文字と完全に一致しているページのみ検索する方法（例えば「CPA」で完全一致検索をした場合，公認会計士という言葉を含んでいる場合でも検索結果には反映されない）

---

(2) 事実確認と分析

　特に会計基準や法律などについては，その裏付けを確認することが必須である。裏付けのためには，当該団体などの正式サイトなどで確認するとよい。なお，その裏付け確認のためにも，検索する際に，基準や法律の条項番号などがわかるような情報を検索から得るようにしたい。さらにいえば，基準や法律などは，常に改正などがなされているため，その基準や法律が最新なものであるか，また適用日などについても確認したい。

　その事実確認から問題点の分析をする必要がある。問題点の本質を見抜き，根本的な解決に結び付けたい。問題点の本質を見抜くには，前述したように個人のスキルや資質に原因を持ち込むのではなく業務手続や手順などの不備に着目すること，法律や基準に明記されていない場合にはその趣旨を考えること，発生の頻度が多いものはITの力を借り，発生の頻度が少ないものはあえて手動で行うなど業務の複雑性を高めないこと，などに留意する。

(3) 提案能力

　問題が分析されたら，対策案を提案しなければならない。専門職人材によくあるような，「XXがダメ」とか「XXが問題」などと言いっ放しの評論家になってはならない。特に企業において実務を担っていたら，その改善策の実行こそが価値のある業務である。自ら実行することだけではなく，その提案をすることでも十分に価値がある。

　その際に気をつけなければならないのは，具現化可能な提案であることである。具現化可能というのは，自分自身が使える経営資源（ヒト，モノ，カネ）だけを用いた提案ということではなく，会社組織として可能な策ということである。もちろん経営者でない限り，また経営者であっても，すべての経営資源を自由に使えるわけではないので，無限に改善可能ということではないが，少なくとも提案された側が，無理なく，また少し頑張れば対応可能といったものがよい。

　実は役職が高い人材は，この提案能力が高いことが多い。つまり，問題解決能力が高いということである。問題解決能力が高いということは，それだけ価値創造に貢献しているということである。経理財務部門として，そして経理財務人材として，組織への貢献度を高める意味でも，この提案能力を高めるようにしたい。

7　財務諸表論

　筆者がグローバル基準で見て，日本企業の経理財務部門に最も不足しているのが，財務諸表論であると思っている。もちろん，その専門職である公認会計士をしのぐ見識をお持ちの方もたくさん知っているが，全般的にはもう少し高いレベルがほしい。なぜならば，現在の日本会計基準の方向性はIFRS会計基準と同じコンセプトとなってきており，いわゆる原則主義になっているからである。

　ご存じのとおり原則主義は，細かい会計処理の方法を基準に記載せず，企業が自ら論理構成を行い会計処理につなげていくという思考が必要である。これ

を実践するために，会計理論の基礎になる財務諸表論を学習することをお勧めしたい。経理財務部門の実務は，従来から税務を中心とした細則主義（経理処理を細かく規定した基準や法律体系）であり，これに慣れてしまうと，会計処理を自ら構築する力が養われない。特に近年，会計処理上重要となる資産の評価関係（減損，繰延税金資産の評価など）などについて，企業が自ら会計理論を構成できず，場合によっては監査法人などの助言そのままに算定される場合もある（この場合は，監査人の独立性に抵触するが，監査人としても決算を進めるために仕方なく対応していると考えてよい）。上級職や経理財務部門の管理職であれば，会計理論知識は不可欠であると言いたいが，細則主義環境の実務で育ってきてしまったため，なかなか会計理論を学ぶ機会はなかったと思われる。

なお，財務諸表論というと，公認会計士や税理士の試験科目となっており，難易度が高いと思われがちであるが，経理財務実務をしていく上では基礎となる知識である。もちろん，簿記も重要であるが，簿記は記帳技術，財務諸表論はその背景にある理論であり，主に下記の内容となる。

---

① 会計原理（企業会計原則，資産・負債・資本・収益・費用の定義，財務諸表体系，発生主義と現金主義など）
② 会計法規（会社法，金融商品取引法など）
③ 会計処理とその理論（各会計基準，会計と税務の差異，M&Aや連結会計など）
④ 応用理論（自己創設のれん，のれんの減損（非償却）と償却，包括利益の考え方など）

勉強方法としては，自分で書籍などを購入して勉強することもできるし，大学や専門学校などの講座でもよいと思う。いずれにしても会計を「覚える」ということから「考える」という方向に向けてもらいたい。

例えば，「減価償却とは？」と聞かれ，「税法で決まっている耐用年数表に従って，定額法または定率法などで計算する」といった回答になるのではなく，「主

に有形固定資産について，使用度や時間の経過によって次第に価値が減少するため，価値の減少分を費用として損失計上する経理処理のこと。固定資産は，使用度や時間の経過によって価値が減少するが，その減価を定量的に測定することは極めて困難であり，評価する主体の考え方によって，処理の仕方が異なることは，公平性・透明性が求められる会計処理において許容されない。もし自由に減価の度合いを決めてよければ，利益操作，ひいては脱税につながる行為が助長されるおそれがある。そうした問題の発生を防ぐ目的，すなわち適正な期間損益計算の目的から，いくつかの客観的な計算方法が規定されている。」といった回答が出てくるような思考になってもらいたい。

8 コミュニケーション能力

　近年，コミュニケーション能力がさらに重要視されてきている。背景としては，DX化推進による事務処理の自動化である。つまり，コミュニケーション能力がそれほど問われない事務処理をヒトから外して，ヒトしかできない業務に重きを置いているからである。

　コミュニケーションというと，口頭と書面と大きく2つに分類できる。一般的に口頭によるものだけが取り上げられがちだが，ビジネスの世界，特に経理財務部門では，書面によるコミュニケーションが多くなるため，書面の表現方法がわかりやすく理解しやすいことが重要となる。口頭によるコミュニケーション能力については様々な研修や情報を参考にしていただくこととし，ここでは書面によるコミュニケーションの前提となる「わかりやすい文章」とは何か，筆者なりに留意点を挙げてみる。

(1) 結論が最初に書かれていること

　よくいわれることであるが，なかなかこれが難しい。よく上長から「それで結論は？」と言われる方は，最初にこれを意識するとよい。特にメールや文書などで，何らかの問題や質問などに対応する場合には，最初に結論を記載することが重要である。

　例えば，ビジネス事業部門から，あるレンタル取引について留意すべき点に

ついて質問がされた場合，リース判断基準を延々と記述しても，会計知識がそれほど高くない場合には，あまり理解されない。結局，何が言いたいのかが伝わりにくい。留意点としては，「当該リースが資産になるか費用になるか」「それにより購買稟議規程の取扱いが変わる可能性がある」「そのポイントは，所有権移転と解約違約金の有無」など，ある程度ポイントを絞って結論を示し，詳細については具体的な契約書をもとにこちらで判断する旨，などを回答してあげると，相手にとってわかりやすい。正確な回答を心掛けることは大事であるが，内容が詳細過ぎたり，また専門用語が多いとわかりにくい。

(2) 読み手を意識する

　文章は，読み手のために作成するのであり，読み手を意識することが重要である。下記の点を少なくとも考慮して文章を作成したい。

- 読み手が，どれくらいの情報を，どれくらいの時間と労力で手に入れて，読んだ結果どのような行動をしたいのか。
- 読み手は，どの媒体で読むのか。例えば，メールとして読むのか，資料として読むのか，もしくは参照するだけなのか，デジタル媒体か紙に印刷するのか。
- 読み手は，どのような環境で読むのか。例えば，営業担当であれば外出中にスマートフォンで読むことがほとんどかもしれないし，事務職であれば会社や自宅のパソコンかもしれない。
- 読み手は，どの程度の知識を保有しているのか。必要な理論や用語を知っているか。関連するどんな知識や認識を持っているか。
- 読み手は，どんな目的でその文章を読むのか。内容・事実を知るだけで十分か，理解して行動したいのか，今後の考え方の参考にしたいのか，他の人に説明する必要があるのか。

(3) 文章は短く，ただし適度な難易度は必要

　わかりやすい文章というと，読みやすくて理解しやすい平易な文章を想像するかもしれないが，あまりにも平易過ぎると本質が伝わらないことがある。有名な話に，アインシュタインが相対性理論について「熱いストーブの上に手を置くと，1分が1時間に感じられる。でも，魅力的な女性が目の前にいると，1時間が1分に感じられる。それが，相対性である」と説明したことがある。これを聞いて相対性を理解することは難しい。この説明は相対性を説明するユーモアであり，相対性理論を説明するものではない。むしろ，相対性理論は「どんな状況でも物理法則は不変である」ことを説くものである。子どもでも理解できるような簡単な文章では，場合によっては本質を理解することが難しい例である。

　読み手の知識がある程度あれば，一定の専門用語は使って問題ない。この読み手の知識がどの程度あるかについては，日常のコミュニケーションから把握するか，日常で接する機会がない場合には，どの程度の属性なのか（役職や経歴など）から判断して，適切な用語を用いるように心掛けるとよい。

9　リーダーシップスキル

　前述の「経理財務部門におけるリーダーシップ」にて，経理財務部門では，支配型リーダーシップよりもサーバント（奉仕型）リーダーシップを推奨している。それでは，そのスキルを身につけるためには，どのようなことを実践すればよいのか。

(1) リーダーシップは資質ではなく技術

　リーダーシップは長らく，スキルよりも生まれ持った資質と考えられてきた傾向がある。よって，人によってリーダーに向く／向かないなどと語られることもあった。しかしながら，現代ではリーダーシップは後天的に身につけることができる技術であり，ぜひ技術と割り切って，リーダーシップスキルを学んでいただきたい。日本人特有の気質で，前に出ることが品位がないとか恥ずか

しいと思うようなことがあったら，場合によっては俳優気取りでリーダーシップ言動をしてみるとよい。少なくとも，筆者はリーダーシップ言動をする場合には，自分とは別の人格者がいる，と自覚させている。

(2)　マネジメントとリーダーシップの違い

　リーダーシップは，組織から与えられた「権力」を使って部下を動かすことではないことに留意したい。逆にいえば，マネジメントは「権力」を使って組織を動かすことをいう。部下は，上司の命令に納得していなくても従わなければならないが，そうなると組織が自発的に動くことがなくなり，上司の言うことしか実行されない。このような組織は，上司の能力以上に組織が結果を生むことはなく，組織も活性化されない。つまり，マネジメントにリーダーシップが備わっていないと，組織が活性化せず成長もしないのである。

　このように，リーダーシップとマネジメントは違うということについて，まず認識したい。マネジメントはその役職に権力があり，経営方向性を決定したり，そのために組織やヒトがその方向性に沿って動くようにしていくことであり，ヒトが従う理由がある。逆に従わなければ，究極的には業務命令違反となるであろう。

　一方，リーダーシップは，その権力はないが，組織やヒトがリーダーになびくスキルである。典型的な事例は，懇親会の幹事である。懇親会の幹事は，特にその幹事に権力があるわけではないが，日時，場所などを決定して，皆さんに案内する，そして皆さんから会費を徴収して，お店にお会計する，というような業務である。幹事から依頼，指示があれば，参加する皆さんはそれに従って動く。これがリーダーシップの典型例である。

　現代でこのリーダーシップが大事であるといわれているのは，ハラスメントに敏感な世の中になってきていることが1つの要因といえる。以前は，上司が命令・指示すれば何であっても従う（あるいは従わざるを得ない）のが普通で，もし従わない場合には叱責や罵声がある時代であった。今では，このように強制的な命令や指示をすると，ハラスメント認定されることがある。よって，基本的には本人の意思を尊重しながら，本人が自分の意思で会社の業務を実施しているという形になることが望ましい。それを促すのがリーダーシップスキル

ということになる。

　経理財務分野は，特にその思考が重要であるのと同時に，むしろ自己実現として主体的に行動してもらうことは，それほど難しくない。なぜならば，経理財務業務は，ある程度企業が変わっても同じような業務であり，雇用流動性も高いことから，自らのキャリア価値を高めることができる市場が整備されているからである。キャリア価値を高めたら退職する動機付けになってしまうのではないかと懸念するかもしれないが，むしろそのようなキャリア視点で動機付けしたほうが，個人や組織としてモチベーションが高くなり，業務品質も向上していくといえる。

(3)　コーチングはリーダーシップの基礎となる

　リーダーシップスキルを身につけるために近年注目を浴びているのがコーチングである。コーチングとは自発的行動を促進するコミュニケーションであり，現代のリーダーシップスキルに適合した手法といわれている。そのため，コーチングは組織のマネジメントにおける人材開発手法として，多くの企業・組織が，人材開発，リーダー育成，組織開発のために導入している。

　筆者もコーチングを受講したことがあり，その経験からコーチングの留意点を述べてみたい。

　従来は，何かを指導するときには，ティーチング，つまりどのようにすべきかを教えて，それを実践させるのが一般的な指導方法であった。コーチングはティーチング，つまり何をすべきかは教えない。あくまで，どのようにすればよいか自分で考えてもらい，その上で自分と上司とで答えを創り出す，といった手法である。

　スポーツの世界では，たとえ世界トップの選手でもコーチを付けている。技術的には誰よりも秀でているのに，なぜコーチを付けているのか，そしてコーチから何を学ぶのか。これがコーチングの出発点である。例えば世界トップのゴルフ選手がプレーをしているときに，少し普段よりも体が開いてスイングしているとしたら，「今は体が開いているけど，それを意識したスイング？」と聞くことがコーチングである。「体が開いているから戻しなさい」というアドバイスはティーチングとなる。コーチングは気づいた点について本人に知らせ

て，どのようにすればよいかはアドバイスしない。自ら修正を促すのである。こうすることで，誰かに依存するのではなく，自らの意思で進めていくことにコーチの役割がある。

　一般的にティーチングは，親・先生・管理職などの立場にある者が，子・生徒・部下などを，豊かな知識や経験に基づき目標達成へと導くための指導方法であり，これに対してコーチングは「答えを与える」のではなく「答えを創り出す」サポートを行う。「その人自身の答え」になることによって，自ら率先して取り組んでもらうような形に誘導するリーダーシップの形である。

　なお，コーチングは「答えはその人の中にある」という考え方が原則なので，相手が状況に応じて自ら考え，行動した実感から学ぶことを支援し，相手が本来持っている力や可能性を最大限に発揮できるようにするリーダーシップ技術といえる。ここで技術とあえていっているのは，リーダーシップは先天的なスキルではなく，後天的に学習できる技術であることを強調したいからである。例えば，学生の頃に部活で主将をしていた，生徒会で役員をしたなど，子どもの時からその資質があり，それがリーダーシップとしての言動につながると考えがちであるが，リーダーシップは学習できる技術であり，だからこそビジネスにおける実務で身につけるべき技術なのである。

⑷　価値創造を具現化するリーダーシップ

　経理財務部門では，上級職や管理職だけではなく，全員にこのリーダーシップ技術を身につけてもらいたい。ビジネス現場から信頼性のあるデータ・数値・情報を得るためには，ビジネス現場にいる担当者に，そのデータ・数値・情報をどこかに入力・伝達してもらうべく作業や業務をお願いすることになる。お願いするという行為自体がリーダーシップになる。ビジネス現場にいる営業担当者は，経理財務部門の部下ではない。権力をもって指示・命令ができるわけではない。もちろん，上長を通じて営業部長などから指示・命令してもらうことは可能であろう。ただ，その場合には，強制的にやらされていることになるので，データ，数値，情報を正確かつ適時，適切に提供してもらえるかは怪しい。自発的にこの業務を実施してもらえる（少なくともそのような心掛けで対応してもらう）ように誘導していくようなリーダーシップを発揮したい。

つまり，経理財務部門においては，社内外から信頼性のあるデータ・数値・情報を得て，それらを分析して企業価値創造に貢献する活動を目指したい。そのためには，経理財務部門外の方々の協力は不可欠なのである。

10 行動経済学

経済学というと，高校や大学などで学習したミクロ経済学とマクロ経済学を思い起こすであろう。ミクロ経済学は消費者と生産者の，最適な消費行動と生産行動を考える学問であり，マクロ経済学は，経済活動より市場や国レベルで捉えた学問である。例えば，GDP（国内総生産）や金融市場の動き（利率，為替，株価など）などもマクロ経済学に含まれる。

経理財務部門では，このような経済の動きを捉える知識は習得したほうがよい。なんとなく，マーケティング部門の学問かと思うかもしれないが，例えば自社事業の市場における位置や将来性，もし輸出入などを行っていれば為替などの影響も，事業計画などの策定には有効な知識となる。そこまで専門的な知識は不要だが，一般教養的に学んでおいたほうがよい。

最近の消費者市場は，従来のミクロ経済学やマクロ経済学では説明が難しい動きも多くなってきている。これは，SNSや様々な情報がネットから簡単に得ることができることなどから，消費者の行動は価格に基づいた合理的な行動ではなく，SNSなどからの情報によって，どちらかというと情緒的な行動が大きくなっているからかもしれない。これは，モノ不足でモノが豊かな社会を目指していた昭和とは異なり，モノ不足はある程度解消され，ココロが豊かになるようなコトを消費する平成，令和の成熟した時代に入っているということなのである。

このような，成熟した時代においては，行動経済学という学問が理解を進めてくれる。また，これによる企業リスクも認識することもできる。前述した，一般的なミクロ・マクロ経済学では，物事を一般化・抽象化するために，人は常に自分の利益（いわゆる財務的価値）を最大化する意思決定を行うという「合理的経済人」の前提を置いている。これに対し，実際の購買行動では，「売り切れ間近！」と言われると必要もないのに買ってしまうなどの合理的ではない

行動もある。行動経済学の基本は，経済において人間の心理がどのように行動するかを理論化したものである。

　成熟化した社会では，財務価値に基づく行動だけでは，人間の欲求を満たさない可能性が高い。よく知られているマズローの欲求段階説の一番上にある「自己実現の欲求」を越えてしまうと，自分への欲求がなくなり，自分が属している社会やコミュニティへの貢献といった，自分の周囲が満足してもらえるような欲求，つまり，社会やコミュニティを幸福にしたい，不快にしたくない，といった行動にもなる。SNSにおける自己顕示は自己実現の欲求によるものといえるが，日本に根強く残る同調圧力は，このような周囲への配慮が表れたものといえる。

　経理財務人材として，非財務価値に基づく人間行動を行動経済学で理解が促進できれば，非財務価値をうまく説明できるかもしれない。なぜ，自分が財務価値だけで行動しないのか，その時に自分のその思考を行動経済学として考え

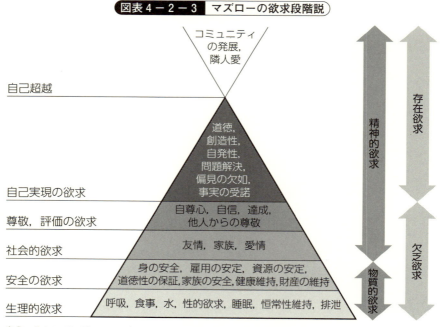

図表4－2－3　マズローの欲求段階説

出典：セレンディピティHP（https://serendipity-japan.com/maslow-hierarchy-1061.html）

てみたい。

　経理財務部門が非財務価値に敏感にならなければならないとすれば，このような行動経済学の理論も知っておいて損はない。むしろ，経済合理性がない行動がビジネスを動かすとすれば，それこそが企業価値を創造する視点となり，もし自社がそこに焦点を当ててビジネスを展開できたら，自社独自の価値創造サイクルを確立できるかもしれない。それは，成熟が進み他社との差別化が難しい現代だからこそ，必要な知識であるといえ，マーケティングの世界でも注目を集めているほどである。

第3節　職業倫理

　全世界的に頻繁に起こっている最近の企業不祥事は，場合によっては経理財務部門に対する信頼を毀損する。特に会計不正については，経理財務部門には，企業不祥事全般を防止すべく，ガバナンス機能を果たしてほしいという期待もあろう。企業としてガバナンス機能を整えることが最も大事であるが，それを支える倫理観はもっと重要であり，特に経理財務部門はおカネに近い位置にいるので，よくも悪くも高い倫理観が求められるであろう。しかし，企業の中で働いていると，正義感を振りかざすような倫理観をまっすぐに実行することはやさしくない。

　従業員にとって問題なのは，道徳的勇気が報われない，むしろ逆に自分に不利益になるという恐怖である。場合によっては，退職せざるを得なくなったり，個人に対する何らかの不利益がふりかかる場合もある。不正・不祥事は，あらゆる数値にまつわることが多く，会計数値だけではなく，環境規制に対する数値不正，耐震構造に対する数値不正など，あらゆる数値が不正リスクにさらされる。

　経理財務部門は最も数値に近い位置にいるのだから，ガバナンスリスクに敏感となり，企業不祥事を防止・牽制できれば，それこそ非財務価値の向上に貢献できる。そのためには，経理財務部門は自らを律する高い「職業倫理」を持

たなければならない。

1 職業倫理とは？

「倫理」という言葉は，英語の「ethics」に日本の哲学者が当てた訳語であるため，もともとある日本語ではない。同じような言葉で「道徳」があるが，この由来は中国の古典からの観念であり，「道」と「徳」という2つの考えからなる。道とは，人が従うべきルールのことであり，徳とは，そのルールを守ることができる状態をいう。いずれも，人間社会の行動の規範，規律などをもとに，どんな行動が正しいのか，反対にどんな行動が間違っているのか，というような観点から言動を誘導するものである。

そのような意味では，経理財務部門にかかわらず，ヒトは生きていく上で必ず倫理を守るのが務めである。ここでは，その倫理に職業を加えて，職業倫理としているが，これは経理財務部門にとって，企業の中で存在価値を問われる重い責務と考えたい。極端にいえば，この職業倫理が経理財務部門にとって，企業価値を創造する柱といっても言い過ぎではないかもしれない。

これまで本書では，さんざん企業価値が「財務」「非財務」で構成されているということについて触れてきた。将来の経理財務部門にとっては，財務，非財務にかかわらず，企業価値に関連する活動に関与していくことが，自社の企業価値創造に貢献していくこととなる。その中でも，経理財務部門では，データや数値，その他定性的な情報も含めて，様々な経営に関する情報を集計して経営層に届けることになるが，ここに嘘偽りがあってはならず，経理財務部門から報告があったら，それは信頼に足るデータ・情報であり，疑う余地のないものであると認識してもらうことが重要である。企業にとっては，CFOや経理財務部門は，ガバナンスの最後の砦という役割を果たしたい。

ちなみに，筆者は公認会計士資格を有しているが，最近では経理財務の専門家である公認会計士も，「信頼性」を担保する存在であることを強調してきている。公認会計士は従来「会計技術」の専門家と考えられてきたが，DX化による自動処理化が進み，さらに生成AIの台頭で高度な知識でさえネットから簡単に検索ができるような背景から，高度な知見を持つ専門家というだけでは

第4章 次世代の経理財務部門の組織と人材　219

存在価値を見出しにくい。2022年7月に日本公認会計士協会では新しいタグライン「信頼の力を未来へ～Building trust, empowering our future」を発表しており，その中核概念として，公認会計士の将来像を「高い倫理観と専門的知見をもとに説明責任を究め，世界の人々と共に社会に信頼を創り上げていくこと」と定め，職業倫理が「社会に信頼を創り上げていくこと」になると，宣言しているのである。ここでは，公認会計士の主たる業務である会計監査だけの「高い倫理観」だけではなく，公認会計士が関与するすべての業務に対して「高い倫理観」が信頼を創り上げていくとしている。

　本書の読者はもちろん公認会計士資格保有者だけではないと思うが，経理財務人材は高度専門職であり，企業の中での存在感と敬意（リスペクト）を払ってもらえる存在であってほしい。そのような意味でも，経理財務および会計監査の専門職である公認会計士の職業倫理について参考にしていただきたい。

2　職業専門家の職業倫理

　そもそも職業倫理とは何か。職業専門家と評される人々は，専門的な知見や知識，スキルを身につけている。そして，その知識がどのように用いられなければならないかを倫理道徳的問題と捉え，それを職業倫理としている。この職業倫理によって，他にはできないその専門領域にまつわる判断，高度な決定を下すことができるようになる。逆にいうと，この高度な知見や知識，スキルを用いて，人の生命を脅かすような可能性のある活動をしたり，その後押しとなるような行動は慎まなければならない。例えば，生物化学兵器になるような科学研究などは，これに当たる。また，職業専門家はその高度な知見や知識，スキルがあるゆえに，ある意味，自動的に優越的な立場を与えられている。その優越的立場の乱用により，クライアントの利益を不当に搾取することにならないよう自制することによって，クライアントを保護し，その誠実性を維持するための行動規範を設けている。これはクライアントの利益のためだけでなく，その職業に属する人々の利益のためでもある。

　懲戒規則は，専門職がその行動規範を定義し，それに従って行動・訓練しない場合には専門家団体が懲戒することによって，個々がこの基準を満たすこと

を保証するものである。これは良心をもって行動する職業専門家が，より倫理的でない同業者によって商業的に損なわれないようにするためである。それはまた，専門職に対する一般の信頼を維持し，専門職として一般からの信頼と支持を得ていくために必要とされる。

　もう少し具体的に，士業における職業倫理を見てみる。

日本医師会　医の倫理綱領（一部抜粋）

　医学および医療は，病める人の治療はもとより，人びとの健康の維持もしくは増進を図るもので，医師は責任の重大性を認識し，人類愛を基にすべての人に奉仕するものである。

1．医師は生涯学習の精神を保ち，つねに医学の知識と技術の習得に努めるとともに，その進歩・発展に尽くす。

2．医師はこの職業の尊厳と責任を自覚し，教養を深め，人格を高めるように心掛ける。

3．医師は医療を受ける人びとの人格を尊重し，やさしい心で接するとともに，医療内容についてよく説明し，信頼を得るように努める。

4．医師は互いに尊敬し，医療関係者と協力して医療に尽くす。

5．医師は医療の公共性を重んじ，医療を通じて社会の発展に尽くすとともに，法規範の遵守および法秩序の形成に努める。

6．医師は医業にあたって営利を目的としない。

弁護士職務基本規程（一部抜粋）

第一章　基本倫理

（使命の自覚）

第1条　弁護士は，その使命が基本的人権の擁護と社会正義の実現にあることを自覚し，その使命の達成に努める。

（自由と独立）

第2条　弁護士は，職務の自由と独立を重んじる。

（弁護士自治）

第3条　弁護士は，弁護士自治の意義を自覚し，その維持発展に努める。

（司法独立の擁護）

第4条　弁護士は，司法の独立を擁護し，司法制度の健全な発展に寄与するように努める。

（信義誠実）

第5条　弁護士は，真実を尊重し，信義に従い，誠実かつ公正に職務を行うものとする。

（名誉と信用）

第6条　弁護士は，名誉を重んじ，信用を維持するとともに，廉潔を保持し，常に品位を高めるように努める。

（研鑽）

第7条　弁護士は，教養を深め，法令及び法律事務に精通するため，研鑽に努める。

（公益活動の実践）

第8条　弁護士は，その使命にふさわしい公益活動に参加し，実践するように努める。

公認会計士倫理規則（「基本原則」から一部抜粋）

(1)　誠実性

　　全ての職業的専門家としての関係及びビジネス上の関係において率直かつ正直であること。

(2)　客観性

　　次のいずれにも影響されることなく，職業的専門家としての判断又は業務上の判断を行うこと。

　　①　バイアス

　　②　利益相反

　　③　個人，組織，テクノロジー若しくはその他の要因からの過度の影響又はこれらへの過度の依存

(3)　職業的専門家としての能力及び正当な注意

① 現在の技術的及び職業的専門家としての基準並びに関連する法令等
に基づき，依頼人又は所属する組織が適切な専門業務を確実に受けら
れるようにするために職業的専門家として必要な水準の知識及び技能
を修得し，維持すること。

② 適用される技術的及び職業的専門家としての基準に従って，勤勉に
行動すること。

(4) 守秘義務
業務上知り得た秘密を守ること。

(5) 職業的専門家としての行動

① 関連する法令等を遵守すること。

② 全ての専門業務及びビジネス上の関係において，公共の利益のため
に行動するという職業的専門家の責任を全うするように行動すること。

③ 職業的専門家に対する社会的信用を傷付ける可能性があることを会
員が知っている，又は当然に知っているべき行動をしないこと。

　医師，弁護士，公認会計士，いずれも日本国から認証される国家資格である
が，専門性に関する倫理観を別にすると，一般社会でも当たり前の項目が並ぶ。
例えば，「医師は互いに尊敬し，医療関係者と協力して医療に尽くす。」「弁護
士は，教養を深め，法令及び法律事務に精通するため，研鑽に努める。」「（公
認会計士）業務上知り得た秘密を守ること。」などは，職業専門家でなくても，
必要な倫理観といえる。よって，職業専門家の倫理条項などを読むと，職業専
門家はそれほど倫理観が低いのかと思ってしまうかもしれない。

　しかしながら，職業専門家の倫理がこのようにあえて当たり前の事項を規定
している理由は，「優越的地位の乱用防止」にあるといえる。そうでなくても，
資格保有者は「信頼」「信用」のために，資格保有を提示している。当たり前
と思われる倫理的言動に反すると，たちまちその資格者集団全体の，社会から
の「信頼」「信用」が地に落ちる。よって，上記に共通していえることの1つ
は「信頼」「信用」という言葉が入っていることである。職業専門家のアウトプッ
トや言動には，自ずから「信頼」「信用」が付いてまわり，職業専門家の関与

自体が「信頼」「信用」という価値を創造しているといえるのである。

3 職業倫理強化の背景

　公認会計士の職業倫理は強化される方向にあり，例えば監査人の独立性基準の強化，専門である会計分野以外の違法行為に対する対応（見て見ぬふりをしてはならない），すべてを鵜呑みにしない心構えなど，近年は継続して倫理基準（規則）強化の方向に見直されている。それでは，なぜ公認会計士の倫理規則が強化されているのであろうか。

(1) 倫理リーダーとしての期待

　世界中で不正事案が多発しており，外部の会計監査でも見抜けない事象も多い。このような不正事案を防止・発見するためにも，監査法人所属の公認会計士だけではなく，企業に所属している公認会計士（勤務者および役員就任者）には，企業に倫理的行動を誘導するような「倫理リーダー」的な役割を果たし，不正による企業価値毀損から企業を守ることが，社会から期待されている。

(2) 業務範囲の変革

　会計・監査・税務など従来業務の自動処理化およびテクノロジーの進化による業務変革，また企業価値がサステナビリティなどの「非財務」に軸が移ってきていることなどから公認会計士業務も変革しており，職業倫理もそれに適合していく必要がある。特に，テクノロジーの進化は，例えばAIの台頭による業務のブラックボックス化などのように，大きく企業活動が変わり，留意すべきリスク要因も変わってきていることから，これらに対して敏感に対応すべく職業倫理も改訂を続けている。

(3) ハードローよりもソフトロー

　政治・経済の状況が目まぐるしく変化する中，企業活動を公正に保つための法制度整備がなかなか間に合わない。また，不正の手口なども年々進化しており，企業の防止策との「いたちごっこ」となっている。やはり不正防止に最も

効果的なのは，人間の心が適切であること，人間が高い倫理観を持つことが重要となる。制度やツールなどが整備されるまでには時間がかかるため，不正や不適切行為に対する対策としては，倫理のようなソフトローが最後の砦となる。

4 なぜ経理財務人材は倫理が重要なのか

　経理財務人材は数字を扱う高度専門職であり，この数字で経営者は企業経営をして，投資家が企業投資をして，取引先は代金決済をして，さらに国に税金を支払っている。もちろん，本書でも言及しているが，財務項目だけではなく非財務項目の数値も，多くの上記のような利害関係者がその数値を見て，様々な活動を行っている。もし，これらの数値に誤りがあった場合には，それが意図したか（不正），意図していないか（誤謬）にかかわらず，その企業の信頼は地に落ちる。その数値の誤りが，当該企業のすべての信頼に大きく影響を及ぼすのである。

　ただ，それぞれの立場にはそれぞれの見解や思惑があり，その数字を歪めてでも，別の利益を得ようとする場合もある。その利益は，自分自身の金銭的欲求であったり，会社を守るために過去から引き継がれた誤った数値を隠蔽したり，取引先と良好な関係を保つために取引先の不正に加担してしまったり，不正を行う人は様々な弁解がある。ただ，経理財務人材として考えなければならないことは，常に公正で誠実であることである。会社に雇用されているのだから，会社の利益を考えて行動することは当然であろう。ただ，会社の利益を短期的な視点で数字を改ざんするなどがあった場合には，最終的にはそれが判明した場合には，社会に対する企業の信用は失墜する。長期的に，サステナビリティ的に考えれば，企業価値は毀損してしまうのである。

　そのような意味でも，数値を扱う経理財務人材は，あらゆる場面で公正・誠実であってほしい。これは，組織にあるあらゆる外圧（プレッシャー）にも負けない，ということを意味する。組織人として，これはとても難しいことは百も承知であるが，組織を守る最後の砦が経理財務人材であるという自覚をもって，自身の業務にあたってもらいたい。

5 　倫理の実践

　倫理の実践といっても，倫理は当たり前のことを当たり前に考え行動することなので，通常の状況ではあまり意識することはないであろう。ただ，通常の状況ではないときにどのように行動するかが，倫理の実践となる。以下に，その事例と論点を挙げてみる。これが倫理のすべてではないが，倫理を考える入口としてもらいたい。なお，倫理事例においては，わかりやすく説明するために，できるだけ具体的な記述としている。ただし，その見解などについては，倫理という性質上100％絶対的な見解はなく，あくまで筆者の個人的な見解であること，また特定の組織の見解でもないことを明示する。

(1)　事　例

　あなたは，IFRS会計基準を適用している某上場会社の経理部長である。当社はM&Aに積極的であり，その結果として財務諸表上にも多くの「のれん」が計上されている。その中で，数年前に買収した会社の事業が芳しくなく，2年連続で営業赤字を計上している。監査法人からも，今期の決算にあたり減損の検討をするよう指摘があった。

　そこで，経理部長であるあなたは，当該子会社を統括している専務取締役に事業計画と将来キャッシュフローの作成を依頼し，決算直前にその資料を受領した。その資料によると，将来キャッシュフローは今後3年で現状の2倍となる数値が示され，減損は回避できると専務取締役は主張した。

　「営業赤字は，営業マンの頑張りが不足していたからだ。今後は営業マンにカツを入れ，気合を入れて頑張ってもらう。うちの営業マンが本気を出せば，この事業計画は絶対に達成する。よって減損は不要だ」

　この専務取締役は次期社長と目されており，社内人事にも大きな影響を及ぼしていた。あなたは決算の忙しい中，専務取締役から食事の誘いを受けた。

　「子会社の買収は，私が他の取締役の反対を押し切って社長に直談判した案件で，絶対に減損損失は許されない。もし，減損損失となれば，私の立場が危うい」「俺は晩婚だったから，子どももまだ小さいし，まだまだ頑張らないと

いけないんだ」「社長からも，来年の株主総会で次の社長にと内示を受けているんだ。もし自分が社長になったら，君を本部長への昇進を約束するよ」「今日は，俺のおごりだよ。あっ，別に見返りしてくれと言うつもりはないから，安心してくれ。まあ，こんな安い居酒屋で奢られても，あまりうれしくはないかもしれないけどね（笑）」

　さて，あなたは，経理部長としてどのような対応をするべきか？

(2)　考　察

①　事業を統括している専務取締役から提出された事業計画と将来キャッシュフローなので，それを尊重して減損回避を監査法人に主張するべきか？

　2年連続で営業赤字を計上しているという状況から，その後に事業が回復し，将来キャッシュフローが改善するといった説明に妥当性を持たせるためには，ある程度客観的な証拠が必要であろう。「うちのスタッフに気合を入れて頑張ってもらう」だけだと，客観性に欠ける。どのような戦略や戦術で事業改善をさせるのか，もう少し客観的な説明がなければ，監査法人には説明不足と言われる可能性が高い。しかしながら，専務取締役という上位役職者から出されたデータや資料である場合には，それに対して異論を唱えるのは，経理部長という立場では難しい。

(a)　「探求心（Inquiring mind）」を発揮すべき

　このような場面で発揮すべき職業倫理として，「探求心（Inquiring mind）」がある。「探求心を持つ」とは，公認会計士の倫理規則に下記の記載がある。

- 実施する専門業務の内容，範囲及び結果を考慮し，入手した情報の情報源，関連性及び十分性を検討すること。
- 更なる調査又はその他の行動の必要性に目を向け，注意すること。

第4章　次世代の経理財務部門の組織と人材　227

「探求心」は，もともと公認会計士が会計監査を実施する場合に求められる
「職業的懐疑心」から生まれている言葉である。懐疑心とは，その言葉のとお
り疑いの心を抱くことであり，性善説の文化である日本には馴染まないと考え
るかもしれないが，信頼の逆というよりは，すべてを鵜呑みにしない，といっ
た意味合いのほうが強い。会計監査の場合には，第三者としての立場であるた
め，当然「疑」をもって対応することは自然かもしれないが，会計監査以外の
業務であっても，公認会計士として正当な注意を払って業務をすることを要求
している。経理財務部門の方であっても，当然ながら正当な注意を払いながら
仕事をしていることは間違いないが，「疑」は強すぎる。むしろ，企業におい
て「疑」が強すぎると，コミュニケーションが難しいだけではなく，業務効率
も悪くなってしまう。

　そこで，同じような意味合いではあるが，企業において正当な注意を払って
仕事をする心構えとして「探求心（Inquiring mind）」という言葉を定義して
いる。それでは具体的に「探求心（Inquiring mind）」は，どのような行動が
期待されるのであろうか。日本公認会計士協会倫理規則では，入手した情報の
情報を検討する際，以下の事項を検討することを求めている。

- 新たな情報が浮上したかどうか，又は事実及び状況に変化があったかど
  うか。
- 情報又は情報源がバイアス又は自己利益の影響を受けている可能性がな
  いかどうか。
- 関連しうる情報が会計士の既知の事実及び状況から欠落している可能性
  を懸念すべき理由がないかどうか。
- 既知の事実と状況が会計士の期待事項に矛盾していないかどうか。
- その情報は結論に達するための合理的な根拠をもたらしているかどうか。
- 入手した情報から達することができる他の合理的な結論がないかどうか。

(b) バイアス（先入観）に留意

「探求心（Inquiring mind）」を適切に発揮するためには，人間によくあるバイアス（先入観）にも留意すべきである。日本公認会計士協会倫理規則では，下記のようなバイアス事例を挙げている。

---

(1) アンカリングバイアス

　　最初に得た情報をアンカー（錨）として使用することで，その後の情報の評価が歪められる傾向

(2) オートメーションバイアス

　　人間の論理的思考又は矛盾する情報に基づき自動システムから生成されたアウトプットの信頼性又は目的適合性に対する疑問が提起された場合でも，自動システムのアウトプットを選好する傾向

(3) アベイラビリティバイアス

　　最初に思い浮かぶ，或いは想起しやすい事象又は経験をその他の事象又は経験よりも重視する傾向

(4) 確証バイアス

　　既存の考えを証明する情報をその考えに反する情報又はその考えに疑問を呈する情報よりも重視する傾向

(5) 集団思考

　　複数の個人で構成される集団が個人の創造性と責任を抑制し，その結果として論理的思考又は代替案の検討がなされることなく決定が下される傾向

(6) 自信過剰バイアス

　　正確なリスク評価又はその他の判断や決定を行う自らの能力を過大評価する傾向

(7) 代表性バイアス

　　代表的と見なされる経験，事象又は考え方のパターンに基づき物事を理解する傾向

第4章　次世代の経理財務部門の組織と人材　229

(8)　選択的知覚
　　その人の期待が特定の事柄又は人に対する見方に影響する傾向

②　専務取締役の立場が危うくなるといった話は，実質的には減損させないという圧力（プレッシャー）となっており，このような社内的な圧力にはどのように対応すべきか？

　専務取締役は「情に訴える」ことで，弱い立場を演出している。これは一種の社内圧力（プレッシャー）である。職業倫理には，このような圧力に屈しないことについても言及している。不適切な行動を強制されることは不当な圧力であり，社内的には難しい振る舞いを要求されるが，もし不適切な行動に巻き込まれると，自分自身も不適切な行動をしていることとみなされる。このような圧力に屈しないためにも，自らのスキルと資質を磨き，いざとなったら退職するなど自分の身を守ることも必要であろう。

　なお，日本公認会計士協会の倫理規則では，下記のような圧力（プレッシャー）事例を挙げている。

(1)　利益相反に関連するプレッシャー
　　　所属する組織における納入業者の選定において，当該会員の家族が業者として選定されるよう家族から受けるプレッシャー
(2)　情報の作成及び提供に影響を与えるプレッシャー
　　①　投資家，アナリスト又は貸主の期待に応えるよう，誤解を招くおそれのある財務情報を報告させようとするプレッシャー
　　②　有権者に対して公的プロジェクトの成果を偽って伝えさせようとする，官公庁等の公的セクターに勤務する会員に対する議員からのプレッシャー
　　③　投資に関する意思決定に先入観を持たせることを目的として，収入，支出又は投資利益率を虚偽表示させようとする同僚からのプレッシャー

④　合法的な事業経費と認められない支出を承認又は処理させようとする上司からのプレッシャー

⑤　不都合な発見事項が記載されている内部監査報告書を隠蔽させようとするプレッシャー

(3)　職業的専門家としての能力を十分に習得せず，又は正当な注意を十分に払わずに業務を行わせようとするプレッシャー

①　実施する作業を不適切に減らそうとする上司からのプレッシャー

②　十分な技能や訓練なしに，又は非現実的な期限を設定して，作業を実施させようとする上司からのプレッシャー

(4)　金銭的利害に関連するプレッシャー

業績に連動する報酬やインセンティブにより利益を得る可能性のある，上司，同僚又はその他の者からの業績指標を操作させようとするプレッシャー

(5)　勧誘に関するプレッシャー

①　個人又は組織の判断又は意思決定過程に不適切に影響を与えることを目的として勧誘を行わせようとする，所属する組織内外の他者からのプレッシャー

②　納入業者選定において，候補となった業者から不適切な贈答又は接待を受けるなど，賄賂又は他の勧誘を受けさせようとする同僚からのプレッシャー

(6)　違法行為に関連するプレッシャー

脱税をさせようとするプレッシャー

③　**食事を奢られた上に減損損失が回避できたら，本部長への昇進を約束すると言われているが，このような勧誘にどのように対応すべきか？**

専務取締役という役職上位者からの誘いということもあり，特に企業では場合によっては断りづらい状況であったかもしれない。さらに，減損損失を回避して自分が社長になったら昇進をさせるといった，ある意味不適切ともいえる

第4章　次世代の経理財務部門の組織と人材　231

「交換条件」を提示され，さらに飲食代を奢ることで圧力を加えている。これは職業倫理的には「勧誘」という行為であり，行うことも受けることも気を付けなければならない言動となる。

　不適切な行動を誘導するような「勧誘」は，公認会計士倫理規則では禁止されている。ただ，これは公認会計士に限らず，一般的にもいえるであろう。ちなみに，不適切な行動を促さない「勧誘」は許容されているが，逆に不適切な行動を促す「勧誘」は，同僚のささいな食事の奢りなども芳しくない。よって，上記事例における専務取締役における「安い居酒屋での少額な奢り」であっても，不適切な行為を促すことは倫理的にはNGなのである。

　なお，「勧誘」はすべての接待行為を含むが，コミュニケーション円滑のための「接待行為」は，社内外含めて問題ない。ただ，客観的にみて不適切な行動を誘導する目的があると第三者からみなされる「接待行為」は慎むべきであろう。

おわりに

　経理財務部門は今，部門としての存在価値が問われている。もし，今までと同じような作業だけを数年続けていると，本当に事務処理部門としての役割だけとなり，AIやRPAなどの自動処理の台頭とともに，人員削減が行われ，判断をする社員だけが残る，といった状況になりかねない。むしろ，開き直ってそれでよい，と考える向きもあり，そうなると企業内部門として残す意味はなく，企業特有の判断が不要な事務作業は雇用コストと労務リスクを低減させるため，アウトソーシングすればよいと考える向きもある。それで企業価値が向上するなら，それも1つの方策である。

　筆者は公認会計士であるが，われわれの専門分野である会計や財務が企業の評価を測定するためのツールであるとするならば，企業価値の評価が財務・非財務と拡大していった場合には当然，非財務項目も取り扱い，企業価値全体を取り扱うべきであると考えている。

　企業のサステナビリティ（持続可能性）が問われている時代ではあるが，われわれ経理財務部門自体のサステナビリティも問われていると考えてもらいたい。

　最後に，生成AIの代表格であるChatGPTに「今後の経理財務の役割は？」と聞いてみたら，次のような回答があったので，共有したい（2024年8月）。なかなかまともな回答だったことが驚きである。いよいよChatGPTという生成AIと，どのように共存していくかを真剣に考える時代であると考えさせられる。

（質問）今後の経理財務の役割は？
（回答）
経理財務の役割は今後も進化し続けると考えられます。以下は，未来の経理財務の役割として注目されるポイントです：

1. デジタル化と自動化：経理業務はますますデジタル化が進み，自動化ツールやAIの導入が増えています。これにより，取引の記録や報告書作成などのルーチン作業が効率化され，経理担当者は戦略的な業務に注力できるようになります。

2. データ分析と戦略的な意思決定支援：経理財務部門は，単なる数字の管理に留まらず，ビジネスの意思決定に必要なデータ分析を行う役割が強化されます。例えば，財務データを基にした予測やシナリオ分析が重要な役割を果たすでしょう。

3. リスク管理とコンプライアンス：経済環境や規制の変化に対応するため，リスク管理とコンプライアンスの役割がさらに重要になります。特に，国際的な規制の遵守やデータセキュリティの確保が求められるでしょう。

4. 持続可能性と社会的責任：企業の持続可能性や社会的責任に対する関心が高まる中で，経理財務部門はESG（環境・社会・ガバナンス）関連の情報開示や管理にも関与することが増えています。

5. ビジネスパートナーとしての役割：経理財務部門は，単なるバックオフィス機能を超えて，ビジネスのパートナーとして戦略的な提案やサポートを行う役割が期待されます。経営層との連携を強化し，ビジネスの成長を支援するための価値提供が求められます。

6. スキルの多様化：経理財務のプロフェッショナルは，会計や財務の知識に加えて，データ分析やITスキル，ビジネス戦略の理解が求められるようになります。これにより，より幅広い役割を果たせるようになります。

これらの変化に対応するためには，経理財務部門のプロフェッショナルが常に新しいスキルを身につけ，変化に柔軟に対応することが重要です。

【著者紹介】

脇　一郎（わき　いちろう）

株式会社JBAホールディングス　代表取締役　グループCEO
公認会計士
中央監査法人国際部（Coopers & Lybrand）にて会計監査業務に従事。その後，外資系企業日本法人の経理財務責任者や代表取締役を歴任。
2006年，ジャパン・ビジネス・アシュアランス株式会社（現・JBAホールディングス）に創業参画，2016年から現職。
その他，日本公認会計士協会常務理事（2019年〜），国際会計士連盟（IFAC）企業内職業会計士アドバイザリーグループメンバー（2020年〜），早稲田大学会計大学院非常勤講師などを歴任。

企業価値を「創造」する経理財務
バックオフィスからフロントオフィスへの変革

2025年2月1日　第1版第1刷発行

著　者　脇　　　一　郎
発行者　山　本　　　継
発行所　㈱中　央　経　済　社
発売元　㈱中央経済グループ
　　　　パブリッシング

〒101-0051　東京都千代田区神田神保町1-35
電話　03（3293）3371（編集代表）
　　　03（3293）3381（営業代表）
https://www.chuokeizai.co.jp
印刷／昭和情報プロセス㈱
製本／㈲井上製本所

©2025
Printed in Japan

＊頁の「欠落」や「順序違い」などがありましたらお取り替えいたしますので発売元までご送付ください。（送料小社負担）

ISBN978-4-502-52301-4　C3034

JCOPY〈出版者著作権管理機構委託出版物〉本書を無断で複写複製（コピー）することは，著作権法上の例外を除き，禁じられています。本書をコピーされる場合は事前に出版者著作権管理機構（JCOPY）の許諾を受けてください。
JCOPY〈https://www.jcopy.or.jp　eメール：info@jcopy.or.jp〉

IFRS財団公認日本語版!
IFRS®
サステナビリティ開示基準

IFRS財団 編　　サステナビリティ基準委員会　監訳
　　　　　　　　公益財団法人財務会計基準機構

中央経済社刊　定価12,100円　B5判・768頁　ISBN 978-4-502-51321-3

2023年12月31日現在の基準一式を収めた必備の書!

収録内容

IFRS S1号
Part A
サステナビリティ関連財務情報の開示に関する全般的要求事項

Part B
「サステナビリティ関連財務情報の開示に関する全般的要求事項」に関する付属ガイダンス

Part C
結論の根拠

IFRS S2号
Part A
気候関連開示

Part B
「気候関連開示」に関する付属ガイダンス
「気候関連開示」の適用に関する産業別ガイダンス

Part C
結論の根拠

中央経済社
東京・神田神保町1-35
電話 03-3293-3381
FAX 03-3291-4437
https://www.chuokeizai.co.jp

▶価格は税込です。掲載書籍はビジネス専門書Online https://www.biz-book.jp からもお求めいただけます。